レシピ　家で呑む。

髙谷亜由

この本の使い方

①
台所や机の上、寝室など、ほっとする好きな場所に置いておきます。

②
呑みたくなってきたらパラパラとめくります。

③
目がとまった場所のおつまみを作ります。
アレンジしたり、ざっくり作ったり、気分に合わせて。

④
呑みます。
一人でも、二人でも、大勢でも。

⑤
巻末には常備ものや季節のおつまみが載っています。

＊呑みの席に本を置いておくと、本をつまみに呑めます。

目次

3 定番で呑む。

4 気分で呑む。

5 〆る。

6 常備もの、季節もの。

アテ作りの参考に…

だしのとり方

①鍋に昆布10㎝角1枚、水5カップを入れて30分〜1時間ほどおく
（時間があれば2、3時間おくと、よりおいしい）。
②中火にかける。
③沸騰する直前に昆布をとり出す。
④沸騰したらかつおぶし20g（ひとつかみ）を加えて火を止め、
そのまま5分ほどおいてからザルでこす。

気楽な家呑みなので、市販のだしの素でとってもいいと思います。
化学調味料無添加のものもあります。袋の表示に従って作ってください。

揚げ物の温度のこと

中までしっかり火をとおしたいときは170℃、
食材がすぐ揚がりそうなときや、表面をよりカリッとあげたいときに180℃、
と覚えておくと目安になります。

170℃は、菜ばしの端っぽを入れてみて、シュワシュワと小さな泡が立ってくる程度。
泡がもっと勢いよく出てくるのが180℃です。

本書では、
ゴーヤの天ぷら、鶏のから揚げ、揚げ餃子
南蛮漬け、フィッシュ&チップス　→170℃
するめの天ぷら、ポテトフライ、ハムカツ　→180℃　で揚げています。

1 とりあえず呑む。

「もうちょっと何か…」という頃合いにも。

自家製味ごのみ

好みのスナックを合わせる。

材料

スナック菓子・味つけプレッツェル・ナッツ・ドライフルーツなど

作り方

①材料をすべてタッパーなどに混ぜ合わせる。

＊写真は柿の種、じゃがりこ、グリーン豆、シュナイダーズ、麦チョコ、ジャイアントコーン、ドライクランベリー。

行きつけのバーで教えてもらいました。甘いの辛いの、とり混ぜるのがコツ。保管するときはお菓子の乾燥剤をリサイクルしても。

ちぎりかまぼこ

かまぼこを手でちぎる。

材料

かまぼこ …… 半分
おろしわさび
しょうゆ …… 各適量

作り方

①かまぼこを食べやすい大きさに手でちぎり、わさびじょうゆを添える。

手でちぎってみると、新しいおいしさ発見。爪楊枝でつまめるサイズにすると、お酒がちびちびすすみます。ちくわでも、よくやります。

チーズの磯辺巻き

のりで巻く。

材料

プロセスチーズ
焼きのり
……各適量

作り方

①チーズの大きさに合わせてのりをはさみで切り、食べる直前に巻く。

四角いサイズのプロセスチーズがおすすめ。のりは手でもちぎれます（折り目をつけてからやるときれいに）。パリパリがおいしいので、食べる直前に巻いてください。これならたぶん、誰にでも手伝ってもらえます。

ビーフジャーキーと塩こしょうレモン

塩＋こしょう＋レモンで食べる。

材料

ビーフジャーキー
……食べたい分量
レモン汁……1/4個分
A
塩……小さじ1
黒こしょう……小さじ1/2

作り方

①Aを合わせた小皿にレモンをしぼってそのまま混ぜ、ビーフジャーキーをつけて食べる。

これはベトナムでよく食べます。塩＋こしょう＋レモンは、単純なんだけど結構な万能ダレ。お刺身にから揚げに酒蒸しに、ほかのアテとも相性抜群なので、呑みテーブルに置いておくと重宝します。

さきいかとグレープフルーツ

一緒に食べる。

材料

さきいか
グレープフルーツ
…… 各適量

作り方

①グレープフルーツを薄皮までむいて身をとり出し、おおまかにほぐしたさきいかをのせる。

あえて味をつけず、素材同士の組み合わせを楽しむシンプルなアテ。グレープフルーツの酸味で、舌がサッパリするのです。

りんごと唐辛子塩

粉唐辛子＋塩で食べる。

材料

りんご …… 1個
塩 …… 大さじ1
粉唐辛子 …… 小さじ1

作り方

①小皿に塩、粉唐辛子を混ぜ合わせ、りんごと一緒に食べる。

東南アジアでよく見かけます。パイナップル、梨、柿なんかでもおいしい。淡白な果物の甘味が、唐辛子でグッと引き立って、お酒にも不思議と合う。粉唐辛子は、一味唐辛子でも代用可。

かぶレモン

塩もみしてレモン汁で和える。

材料

かぶ …… 大1個
塩 …… 小さじ½
レモン汁 …… ½個分
しょうゆ …… 適宜

作り方

①かぶは皮ごとくし型切りにし、塩をまぶして30分ほどおく。
②出てきた水をざっと捨て、レモン汁を加えて和える。好みでしょうゆをたらして食べる。

＊かぶは「焼きかぶ」(p.42) にしても。

お酒を選びません。こういうものが一品あると、お酒の席って落ち着きます。冬ならゆず果汁もおいしいです。

野菜スティック

クリームチーズとみそを混ぜたものを添える。

材料

にんじん
きゅうり
セロリ
…… それぞれ好みの量

クリームチーズ
みそ
…… 各同量

作り方

①クリームチーズ、みそを混ぜ合わせ、棒状に切った野菜と食べる。

＊クリームチーズは常温にもどしておくと混ぜやすいですが、冷蔵庫から出したばかりなら電子レンジで20秒ほどチンしても。

酔っ払っていても作れるので「何かもうちょっと作るか…」というときにも。野菜は切ってさっと冷水につけておくとよりおいしく食べられます。

アボカドわさび

つぶして、塩、わさび、ごま油で和える。

材料

アボカド（熟れたもの）…… 1個
レモン汁 …… 少々
塩
おろしわさび
ごま油
（以上）…… 各適量
しょうゆ …… 適宜

作り方

①アボカドは種と皮をとり、一口大に切ってボウルに入れてレモン汁をまぶす。
②塩、わさび、ごま油を加え、フォークなどでつぶしながらざっくり和える。
③器に盛って、好みでしょうゆをたらす。

定番の組み合わせも、アボカドをつぶすとちょっぴり新しい食感に。レモン汁で変色を防ぎますが、なるべく食べる直前に作ると、よりきれいです。冷奴にのせると、ちょっとボリュームのあるアテに。

梅きゅうり

たたいて塩でもみ、梅干しと和える。

材料

きゅうり …… 1本
梅干し …… 1個
塩 …… 少々
酒 …… 少々
かつおぶし …… 軽くひとつかみ

作り方

①きゅうりは端を落とし、すりこぎなどでたたく。食べやすい大きさに手で折り、塩で軽くもむ。
②梅干しは種をとってたたき、ボウルに入れて酒でのばす。
③きゅうりから出てきた水をざっと捨て、②のボウルに入れ、かつおぶしを加えて混ぜ合わせる。

きゅうりは切らずに手で割ると、味がからみやすくなります。梅干しが味のポイントなので、減塩のものではなく、塩気のきっちりあるものを。

冷やしトマトのサラダ

トマトをドレッシングで和えて冷やす。

材料

トマト …… 1個
ミニトマト …… 8個
白ワインビネガー …… 大さじ1
オリーブ油 …… 大さじ½
砂糖 …… ひとつまみ
塩 …… 適量

作り方

①トマトは一口大に切る。ミニトマトは半分に切る。
②①をボウルに入れ、ワインビネガー、オリーブ油、砂糖を加えて和え、塩で味をととのえる。
③冷蔵庫で10分ほど冷やし、トマトの汁ごと器に盛る。

＊他にもマヨネーズを添えたり、きび砂糖をふりかけたり。すだちをしぼったり、バルサミコ酢で和えたり。

2種類のトマトで味に変化をつけます。出てきたトマトの汁を、ドレッシング代わりにして食べてください。冷やしトマトは毎年ひっそりとマイブームがやってきては、あれこれ試してみる希少な肴です。

モツァレラチーズとトマト

薄切りして重ね、みょうがをのせる。

材料

モツァレラチーズ
……1個（100g）
トマト……1個
みょうが……2個
塩
黒こしょう ］……各適量
オリーブ油……小さじ1

作り方

①みょうがは縦半分に切ってから小口切りにする。モツァレラチーズは薄切りに、トマトもチーズと同じくらいの薄切りにする。

②器にチーズとトマトを重ねて盛り、塩、こしょうをふる。みょうがをのせて、オリーブ油をまわしかける。

イタリアンな1品を和風にアレンジ。日本酒にもよく合います。チーズと和野菜は意外に相性がよく、大葉や細ねぎもオススメ。

にんじんのビストロ風

細切りにし、くるみ、ビネガー、油と和える。

材料

にんじん …… 1本
くるみ …… 軽くひとつかみ
塩 …… 小さじ½
A
　白ワインビネガー …… 大さじ1
　オリーブ油 …… 大さじ1

作り方

①にんじんは皮つきのまま、細切りにしてボウルに入れる。塩を加えて軽くもみ、しんなりしたらきゅっとしぼる。くるみは焦がさないようにフライパンで炒り、包丁で粗く刻む。

②ボウルに①、Aを合わせてざっくり混ぜ、味をみて足りなければ塩（分量外）でととのえる。

ビストロの前菜でよく出てきます。軽い白ワインなんかにピッタリです。肉料理に添えてもおいしい。

レタスのり和え

ちぎりのり、ごま油、しょうゆ、酢と和える。

材料

レタス …… ½個
焼きのり …… 1枚
ごま油 …… 大さじ ½
しょうゆ …… 小さじ 2
酢 …… 小さじ ½

作り方

①レタスは1枚ずつ葉をはがし、冷水につけてパリッとさせる。水気をふいて、おおまかにちぎってボウルに入れる。
②ごま油をふりかけてざっと混ぜ、しょうゆ、酢を加えて軽くもむ。ちぎったのりを加えて和える。

＊レタスは「中華風炒め」（p.32）にも。

たっぷりのレタスもあっというま。ごま油を先にからめておくと、パリパリした食感が長続きします。でも、しょうゆがしみてしんなりしたのも、またいけます。

オリーブの香菜マリネ

市販のオリーブを漬け直す。

材料

オリーブ（黒、緑）…… 各１缶
香菜 …… １株
にんにく …… １かけ
粒黒こしょう …… ５粒
オリーブ油 …… 適量

作り方

①香菜の根を切り落とし、包丁の腹をあててつぶす。にんにく、粒こしょうも包丁の腹でつぶし、香りが出やすいようにしておく。
②オリーブの缶の汁をきって密閉容器に入れ、①を加えてオリーブ油をひたひたに注ぐ。
③食べるときに、香菜の葉をみじん切りにして混ぜる。

地中海料理屋さんで思いつきました。オリーブはマリネし直すと、より風味が良くなります。香菜の根は香りが良いので、捨てずに一緒に漬け込みます。

自家製ピクルス

塩でもみ、マリネ液に漬け込む。

材料

きゅうり …… 1本
にんじん …… ½本
大根 …… 5㎝
セロリ …… 20㎝
塩 …… 小さじ1

A
- 酢 …… ½カップ
- 砂糖 …… 大さじ3
- 塩 …… 小さじ1
- 粒黒こしょう …… 5〜6粒
- ローリエ（乾燥）…… 1枚

作り方

①きゅうりは小さめの乱切りに、にんじん、大根は皮をむいて同様に切る。セロリはピーラーでスジをむき、厚めの斜め切りにする。ボウルに合わせ、塩をまぶして30分ほどおく。

②鍋に水¼カップ、Aを合わせて火にかけ、砂糖を溶かす。

③野菜から出てきた水を捨て、②に漬け込む。

ひと晩ほど漬け込むと良い塩梅。作りやすい分量で作ると多めにできあがるので、サラダ感覚でポリポリと。冷蔵保存で2〜3日間、おいしく食べられます。

ブルーチーズトースト

チーズをのせて焼く。

材料

パン（スライス）…… 2枚
ブルーチーズ …… 適量

作り方

①ブルーチーズを手でちぎってパンにのせ、オーブントースターで、チーズが焼けてトロリとなるまで焼く。

＊甘くないパンで作るときには、しあげにはちみつをたらしても。

これはぜひ、ドライフルーツやナッツの入ったハード系のパンで作ってみてください。ブルーチーズの塩気によく合います。ブルーチーズは包丁で切るよりも、手でちぎるほうが扱いやすいです。

イギリス風チーズトースト

マスタードをきかせて焼く。

材料

食パン（6枚切り）…… 1枚
バター、マスタード …… 各大さじ1～2
溶けるチーズ、黒こしょう …… 各適量

作り方

①バターとマスタードをよく混ぜ合わせて食パンにぬり、溶けるチーズをのせる。
②オーブントースターでこんがりと焼き、黒こしょうをたっぷりふって、食べやすい大きさに切る。

マスタードをきかせるとイギリス風、と喫茶店のマスターに教わりました。黒ビールに合います。バターは混ぜやすいよう常温にもどしておきます。

焼きにんにく

ホイルで包み、網で焼く。

材料

にんにく …… 丸ごと1個
塩 …… 適量
オリーブ油 …… 大さじ2

作り方

①にんにくは皮つきのまま、上のほうを1㎝くらい横に切りとる。
②アルミホイルを2枚に重ね、にんにくをのせて塩少々をふり、オリーブ油をまわしかけて口をとじる。
③焼き網にのせ、弱火で15〜20分蒸し焼きにする。竹串や爪楊枝を刺してみて、スッととおればできあがり。好みでさらに塩をふって食べる。

焼き網がなければ、トースターでも。塩のほかに、みそをつけて食べてもおいしい。
焼く前の塩をしっかりめにふると、香兵衛好みにできあがるようです。

焼きオイルサーディン

缶詰ごと焼く。

材料

オイルサーディン …… 1缶
しょうゆ、レモン汁 …… 各適量
黒こしょう …… 適量

作り方

①オイルサーディンは油を半分ほど捨て、しょうゆとレモン汁をふりかける。
②オーブントースターや焼き網で缶ごと焼き（油がフツフツしはじめてから1～2分程度が目安）、黒こしょうをふる。

オイルサーディンというとウイスキーなどが思い浮かびますが、しょうゆをたらすと日本酒にも合います。こってり好きには、さらにマヨネーズをプラス。バゲットを添えれば、さらにさらに大満足。

2 野菜で呑む。

季節を感じ、食材そのものを味わえるおつまみ。

レタスの中華風炒め

オイスターソース風味に炒める。

材料（2人分）

レタス …… 1個
にんにく（薄切り）…… 1かけ分
赤唐辛子（種をとる）…… 1本
酒 …… 大さじ1
ごま油 …… 大さじ1
A
　オイスターソース …… 大さじ1
　ナンプラー …… 小さじ1
　白こしょう …… 適量
　（なければ黒でも）

作り方

①レタスは芯をとり、1枚を4等分くらいにちぎる。Aを合わせておく。
②フライパンにごま油、にんにく、半分に切った赤唐辛子を入れて中火にかける。良い香りがしてきたら、レタスの半量を加えてざっと混ぜ、酒をふりかけてふたをする。
③レタスがしんなりしてきたら、残りのレタス、Aを加えて炒め合わせる。

＊レタスは「のり和え」（p.23）にも。

控えめに半分くらいでやると「もっと作ればよかった！」となるので、思いきって丸ごと1個炒めてください。途中でふたをするとカサも減ります。2度に分けて炒め、シャキッとした食感を残しつつしあげます。

いんげんのごま和え

ゆでてごま衣で和える。

材料（2人分）

いんげん …… ½パック（60～70g）
オクラ …… 5本
A
　白すりごま …… 大さじ2
　しょうゆ …… 小さじ2
　砂糖 …… 小さじ½
　練りがらし …… 小さじ½

作り方

①いんげんはヘタを落とす。オクラはヘタの先を落とし、ガクのまわりをくるりとむく。
②鍋に湯を沸かして塩ひとつまみ（分量外）を加え、いんげんとオクラをサッと色よくゆでる。火がとおったらザルにあげて自然に冷まし、大きさに合わせて斜め半分か3等分に切る。
③ボウルにAを混ぜ合わせ、②を加えて和える。

からしをピリッときかせて、お酒に合うオトナの味に。オクラのガクというのは、少し出っ張った黒い部分のことです。

オニオンスライスサラダ

香味野菜と合わせ、レモンじょうゆ。

材料（2人分）

たまねぎ …… ½個
みょうが …… 2個
大葉 …… 5枚
かつおぶし …… 軽くひとつかみ
黒こしょう …… 適量
A
　しょうゆ …… 大さじ1
　レモン汁 …… ½個分

作り方

①たまねぎは繊維にそって薄切り、みょうがは縦半分に切ってから薄切りにする。ボウルに合わせ、10分ほど水にさらす。
②①の水気をしっかりとふいて、千切りにした大葉を混ぜて器に盛る。Aを合わせてまわしかけ、かつおぶしをのせて黒こしょうをふる。

＊たまねぎの辛味は、水にさらしながら軽くもんだりするととれます。どうしても気になるときは、はじめにかるく塩もみをして、そのあと水にさらしてパリッとさせるとよいです。

春先から初夏にかけて、新たまねぎで作るのがすごくおすすめ。たまねぎの水気は、しっかりとふいてから盛りましょう。お刺身の付け合わせなんかにもいけます。

水菜のシャキシャキサラダ

シャキッとさせ、エスニックドレで和える。

材料（２人分）

水菜 …… ½束
みょうが …… 2個
大葉 …… 5枚
にんにく（薄切り）…… 1かけ分
ごま油 …… 大さじ 1
A
- 水
- ナンプラー
- 砂糖

（水・ナンプラー・砂糖）…… 各大さじ 1
- 酢 …… 大さじ ½

作り方

①水菜は 5cmくらいのざく切りに、みょうがは縦半分に切ってから薄切りに、大葉は千切りにする。すべて合わせて冷水にはなつ。

②①の野菜の水気をしっかりとふいて器に盛り、Aを混ぜ合わせてまわしかける。

③フライパンにごま油、にんにくを入れて弱火にかけ、にんにくが色づいてカリッとなったら、熱いうちに②にまわしかける。

ベトナム風ドレッシングで和える、エスニック風味のサラダ。ナンプラーは薄口しょうゆのように使ってみると、和の食材にもよく合います。

切り干し大根サラダ

かためにもどし、酢じょうゆで和える。

材料（２人分）

切り干し大根（乾燥）…… 30g
細ねぎ …… 適量
ちりめんじゃこ
白ごま
…… 各大さじ１
A
酢 …… 小さじ１
しょうゆ …… 大さじ ½
ごま油 …… 大さじ１

作り方

①切り干し大根はたっぷりの水に８分ほどつけ、少しかためにもどす。水気をしぼってほぐしながらボウルに入れ、Aを加えてよく和える。
②細ねぎは２〜３cmのざく切りにする。じゃこと白ごまをフライパンで炒ってカリカリにする。
③①に②を加えてざっくり和え、器に盛る。

昔ながらの乾物も、たまには煮物でなく生で。パリパリと食感を楽しむ１品なので、ちょっとかためにもどすのがポイント。

切り干し大根 ペペロンチーノ

バタピーと一緒に、カレーオイルをからめる。

材料（２人分）

切り干し大根（乾燥）…… 30g
バターピーナッツ …… 大さじ２
にんにく …… １かけ
赤唐辛子（種をとる）…… １本
オリーブ油 …… 大さじ１
カレー粉 …… 小さじ ½
塩 …… 適量

作り方

①切り干し大根はたっぷりの水に10分ほどつけてもどし、水気を軽くしぼる（もどした汁はとっておく）。
②にんにくは包丁の腹でつぶして薄切りにする。赤唐辛子は輪切りにする。
③フライパンにオリーブ油、にんにく、唐辛子を入れて弱火にかける。にんにくがうっすら色づいたら火を止め、カレー粉を加えて余熱でなじませる。
④③に①を加えてざっと混ぜ、再び火にかける。大根のもどし汁大さじ３を加えてふたをし、好みの歯ごたえになったらバターピーナッツを加えて塩で味をととのえる。

なんとなく、インドのお惣菜風。これも少し歯ごたえが残るくらいがおいしいです。きゅうきゅうとポリポリ。「食感であそぶ」というのは、料理好きの呑兵衛から教わったアテのコツ。

白菜のしば漬けサラダ

ポン酢で食べる。

材料（２人分）

白菜 …… ３枚程度
しば漬け …… 大さじ２〜３
かつおぶし …… 軽くひとつかみ
ごま油 …… 大さじ ½
ポン酢 …… 適量

作り方

①白菜は芯と葉を切り分けてそれぞれ千切りにし、水にさらしてシャキッとさせる。しば漬けは粗みじんに切る。
②①、かつおぶしを合わせてボウルに入れ、ごま油を加えてざっくり和える。
③器に盛って、ポン酢をまわしかける。

＊白菜は「ゆず漬け」（p.55）にも。

居酒屋さんで知ったアテの我が家版。生の白菜の甘さに開眼する一品です。千切りは繊維にそって切ればシャキシャキに、逆だとやわらかい食感に。芯は薄切りにするのがこつ。

焼きそらまめ

さやごと網で焼く。

材料（２人分）

そらまめ（さやごと）
……食べたい分量
塩……適量

作り方

①そらまめのさやに竹串などで穴を数箇所あける。
②焼き網を遠火の強火（または中火）にかけてそらまめを焼き、塩を添えて食べる。

春ならではの季節もの。さやごと焼くと、豆が蒸されてホクホクに。焼き加減のめやすは、さやがところどころ黒く焦げはじめ、ブカブカとやわらかくなる程度。

焼きえだまめ

ゆでてからフライパンで焼く。

材料（2人分）

えだまめ …… 1袋
塩 …… 適量

作り方

①ボウルにえだまめ（枝があれば切りはなす）、塩をひとつかみを入れ、ざっともんで産毛をとり、水洗いしてザルにあげる。

②フライパンにたっぷりの湯を沸かし、①を3〜4分ほどかためにゆでる。

③フライパンの湯を捨て、水分をとばすように強火でゆすりながら焼く。焦げ目がついてきたら、塩をふりかけて器に盛る。

いつもはゆでるえだまめを、目先を変えて焼いてみましょう。ビールがグイグイすすみます。さやに香ばしい色がつくまで、しっかりと強火で焼きつけます。

ゆでえだまめの
ナンプラー風味漬け

ナンプラー風味にゆでて漬け込む。

材料（2人分）

えだまめ …… 1袋
塩 …… 適量
A
　酒 …… 1/4カップ
　ナンプラー …… 大さじ3
　にんにく（すりおろし） …… 1かけ
　赤唐辛子（種をとる） …… 1本

作り方

①ボウルにえだまめ、塩をひとつかみを入れ、ざっともんで産毛をとり、水洗いしてザルにあげる。さやの両端をはさみで少しだけ切り落とし、味がしみやすくしておく。
②鍋に水1カップ、Aを入れて火にかけ、ひと煮立ちしたら①を加え、弱めの中火で4〜5分煮る。
③少しかためのところで火を止め、煮汁につけたまま冷ます。

昔働いていたベトナム料理屋さんの、おなじみのつきだしをアレンジ。すぐに食べられますが、よく冷やした翌日あたりが味がしみておいしい。

焼きかぶ

焼いてカマンベールチーズをのせる。

材料（２人分）

かぶ …… 2個
オリーブ油 …… 大さじ１
塩 …… 少々
カマンベールチーズ、黒こしょう …… 各適量

作り方

①かぶは葉を切り落として水洗いし、水気をふいて皮ごと1cm幅に切る。
②フライパンにオリーブ油を熱してかぶを並べ入れ、塩をふって強めの中火で焼く。香ばしい焼き色がついたらひっくり返し、もう片面もサッと焼く。
③器に盛り、くし型に切ったカマンベールチーズをのせて、黒こしょうをふる。

＊かぶは「かぶレモン」（p.16）でも。

白ワインによく合います。熱々にチーズをのせて、トロリと溶かしてソース代わりに食べます。かぶ以外にれんこん、パプリカ、かぼちゃもおいしい。

焼きぎんなん

少し割って炒る。

材料（2人分）

ぎんなん（殻つき）
　…… 食べたい分量
塩 …… 適量

作り方

①ぎんなんをペンチやキッチンばさみの柄ではさみ、殻を少し割っておく。
②フライパンにぎんなんを入れて弱火にかけ、ときどきゆすりながら、こんがりと焼き色がつくまでじっくり炒る。塩をふりかけて器に盛る。

＊ぎんなんは両端のとがった部分をはさみ、中身をつぶさないように力を加減して割る。ペンチをもった手で内側に力をかけ、もう片方の手で外側に力をかけると、うまく力が逃げる。

ぎんなんは少し割っておくと、炒るときにはねにくくなります。殻に香ばしい焼き色がつくまで、弱火でじっくりと炒ってください。飲みながらだと、面倒な薄皮もちぴちぴむけます。

なすのトルコ風ディップ

たたきなす、ヨーグルトでディップにする。

材料（2人分）

なす …… 中2本
ヨーグルト …… ¼カップ
レモン汁 …… ¼個分
にんにく …… 1かけ分
（すりおろし）
オリーブ油 …… 大さじ1
塩 …… 小さじ¼
砂糖 …… ひとつまみ
バゲット …… 適宜

作り方

①なすはヘタを落として皮をむき、縦4等分に切って水にさらす。塩少々（分量外）を加えた湯でゆで、全体がしんなりしたらザルにあげて、しっかりと水気をふく。ざく切りにし、包丁でたたいてペースト状にする。
②①をボウルに入れてレモン汁、にんにくを加えて混ぜ合わせる。オリーブ油、ヨーグルトを加えてさらになめらかに混ぜ合わせ、塩、砂糖で味をととのえる。
③器に盛って、焼いたバゲットを添える。

トルコ料理屋さんで食べた、オシャレなディップを再現。包丁でたたくほかに、すりばちですりつぶしてペーストにしても。カリカリに焼いたバゲットとどうぞ。

焼きなす

網焼きしたなすに、ナンプラー＋ごま油。

材料（2人分）

なす …… 中3本
ナンプラー
ごま油
黒こしょう
（ナンプラー・ごま油・黒こしょう）…… 各適量

作り方

①なすはヘタのまわり（ピラピラした部分）をとり、皮に縦に数本切り込みを入れておく。

②焼き網を強火にかけてなすをのせ、全体が真っ黒に焦げてくるまで焼く。ときどきひっくり返しながら、フカフカとやわらかくなったら火からおろす。熱いうちに皮をむいてヘタを落とし、竹串などを使って食べやすい大きさにさく。

③器に盛ってナンプラー、ごま油をまわしかけ、黒こしょうをふる。

しょうゆではなく、ナンプラーをたらしてみてください。新しいおいしさを発見できます。皮に切り込みを入れてから焼くと、熱々でもわりに皮をむきやすい。竹串でさくと味がよくからみます。

焼きズッキーニ

輪切りにしてじっくり焼く。

材料（２人分）

ズッキーニ …… １本
オリーブ油 …… 大さじ１
塩
薄力粉 …… 各適量
酢じょうゆ …… 適量
（酢：しょうゆを１：１で合わせる）

作り方

①ズッキーニは１cm厚さの輪切りにしてバットなどに並べ、塩、薄力粉をまんべんなくまぶす。
②フライパンにオリーブ油を熱し、①を並べてじっくり焼く。焼き色がついたら裏返し、もう片面もこんがりと焼く。
③焼けたら器に盛り、酢じょうゆを添えて食べる。

会うたびにズッキーニのおいしさを説く友人がいて、それでふと思いついたアテ。西洋野菜と思いきや、しょうゆにも合う懐の深さ。薄力粉は茶こしでふりかけると、まんべんなくまぶすことができます。

長いもソテー

皮ごとじっくり焼き、しょうゆをからめる。

材料（2人分）

長いも …… 10㎝
サラダ油 …… 大さじ ½
しょうゆ …… 小さじ 1

作り方

①長いもは泥を洗い落とし、ひげを手で引っ張ってとり、縦半分に切る。
②フライパンにサラダ油を熱し、長いもを皮を下にして並べ入れ、中火で焼く。焼き色がついてきたら裏返し、ふたをして弱火にし、じっくりと焼く。
③竹串がスッととおるようになったら、しょうゆを加えて火を強め、ざっとからめる。

＊長いもは「たたきとろろ」（p.56）でも。

まるでステーキのような長いもです。簡単な料理なのに、新しい食感を知って目からウロコ。とにかくじっくり、じっくりと我慢して、ホクホクになるまで弱火で焼いてください。

ゴーヤの天ぷら

輪切りを天ぷらにし、ケチャップで食べる。

材料（2人分）

ゴーヤ …… ½本
溶き卵 …… ½個分
揚げ油 …… 適量
A
　薄力粉 …… ½カップ
　ベーキングパウダー
　　…… 小さじ ¼
　塩 …… 小さじ ¼
　砂糖 …… ひとつまみ
【タレ】
塩
黒こしょう
ケチャップ
…… 適宜

作り方

①ゴーヤは1㎝幅の輪切りにして、スプーンなどで種とワタをとりのぞく。
②ボウルに溶き卵を入れて水 ½カップ強を加え混ぜ、Aを加えて、粉っぽさがなくなるまでサックリと混ぜ合わせる。
③揚げ油を中温に温め（170℃→p.7）、ゴーヤを②にくぐらせて落とし入れ、きつね色になるまでカリッと揚げる。
④器に盛り、塩とこしょう、ケチャップを添える。

ぽってりと厚めの衣の沖縄風天ぷらです。ベーキングパウダーは重曹でもいいし、なければ入れなくても大丈夫。サクサクした衣にしあげるために、粉を混ぜるときは、菜ばしで切るようにサックリと。

シンプルな ゴーヤチャンプルー

薄切りにし、シンプルにサッと卵で炒める。

材料（２人分）

ゴーヤ …… 10cm
卵 …… 2個
ごま油 …… 大さじ 1
かつおぶし …… 軽くひとつかみ
塩 …… 適量
黒こしょう …… 適量
A
　酒 …… 小さじ 1
　しょうゆ …… 小さじ 1
　砂糖 …… 小さじ 1/2
　塩 …… 小さじ 1/4

作り方

①ゴーヤは縦半分に切って種とワタをとり、2～3mmの薄切りにする。卵はボウルに割りほぐし、Aを混ぜ合わせておく。
②フライパンにごま油を熱してゴーヤを加え、塩少々をふって強めの中火で炒める。緑色が鮮やかになりゴーヤに火がとおったら、フライパンの端にゴーヤを寄せ、卵を流し入れる。卵が固まってきたら大きく混ぜ合わせ、まだ少しトロトロしているところで火を止める。
③器に盛り、かつおぶしと黒こしょうをふる。

ゴーヤをごく薄く切るのが、おいしさのすべて。あらかじめ卵に味をつけておくと、炒めるときにラクチンです。卵を加えたらフライパンを少しずらして卵の下に火をもってくると、均等に手早く火がとおります。

きのこのぎゅうぎゅう焼き

耐熱皿に詰め、トースターで焼く。

材料（2人分）

しいたけ …… 4個
マッシュルーム …… 6個
まいたけ …… 1パック
にんにく（薄切り）…… 1かけ分
オリーブ油 …… 大さじ3〜4
塩 …… 適量

作り方

①きのこは石づきを落とし、それぞれ食べやすく切る。
②オーブントースターに入る耐熱皿を用意し、きのことにんにくを交互に重ねながらぎゅうぎゅうに詰める。オリーブ油をまわしかけ、しっかりめに塩をふる。
③トースターで10〜15分、様子を見ながら焼く。パチパチと油のはぜる音がして、きのこの良い香りがしてきたらできあがり。

きのこから水分が出てくるので、塩はしっかりめに。にんにくをガツンときかせると、スペイン風の味わいに。冷えた白ワイン、軽めの赤ワインによく合います。

キャベツのソース炒め

こんがり炒め、しあげにソース＋かつおぶし。

材料（２人分）

キャベツ …… ¼個
サラダ油 …… 大さじ１
ウスターソース …… 大さじ２
かつおぶし …… 軽くひとつかみ

作り方

①キャベツは３～４㎝四方に切る。
②フライパンにサラダ油を入れて強めの中火に熱し、キャベツを広げ入れる。木べラなどで押さえ、ときどき上下をひっくり返しながら、少し焦げ目がつくように炒める。
③ソースをまわしかけ、かつおぶしを加えてざっと炒め合わせる。

＊キャベツは「みそキャベツ」（p.54）でも。

お好み焼きみたいな、懐かしい味わい。キャベツをちょっと焦がすのがポイントです。太いキャベツの芯は、半分にスライスしてください。

3 定番で呑む。

ちょっと懐かしい味わいをポイントに。

みそキャベツ

みそ、マヨネーズを添えるだけ。

材料

キャベツ …… 食べたい分量

みそ
マヨネーズ
…… 各適量

作り方

①キャベツはくし型に切り、冷水につけてシャキッとさせておく。

②みそとマヨネーズをキャベツに添えて食べる。

＊キャベツは「ソース炒め」（p.51）にしても。

キャベツは冷水で2〜3分冷やして。みそとマヨネーズは、だんだん混ぜていくとおいしいです。好みの割合を見つけてください。

白菜のゆず漬け

干し白菜を塩こんぶとゆず果汁に漬ける。

材料（2人分）

白菜 …… ¼個
塩 …… 小さじ ¼
塩こんぶ …… 大さじ 2
ゆず果汁 …… 1個分
しょうゆ …… 適宜

作り方

①白菜はまるごとざるなどに置いて、日なたで半日ほど干す。
②①を、芯を落としてざく切りにする。
③②、塩をボウルに入れてキュッキュッともみ、しんなりしたら塩こんぶ、ゆず果汁を加えて混ぜる。密閉容器に移し、冷蔵庫で2〜3時間おく。
④器に盛り、好みでしょうゆをかけて食べる。

＊白菜は「しば漬けサラダ」（p.38）にも。

ちょっと時間がかかる作り方ですが、干してから漬け込むことで風味がグッと良くなります。白菜は日当たりの良いところで半日ほど、少ししんなりするまで干してください。ゆずがない時期には、レモンでも。

たたきとろろ

たたいて、のり、わさび、しょうゆ。

材料（2人分）

長いも …… 20㎝
焼きのり
おろしわさび
しょうゆ
…… 各適量（焼きのり〜しょうゆ）

作り方

①長いもは皮をむいてビニール袋に入れ、すりこぎや木ベラでたたく。
②器に①を盛り、ちぎったのり、わさびをのせてしょうゆをかける。

＊長いもは「ソテー」（p.47）にしても。

長いもはすりおろさず、たたいてシャリシャリに。冷凍保存用などの丈夫な袋に入れて、少し粒が残る程度までたたきます。

タコもずく酢

盛り合わせ、甘酢で食べる。

材料（2人分）

生もずく …… 100g
ゆでダコ（足）…… 60g
きゅうり …… ⅓本
A
酢 …… 大さじ4
砂糖 …… 小さじ2
しょうゆ …… 小さじ1
しょうが …… 少々
（すりおろし）

作り方

①もずくは熱湯でサッとゆで、たっぷりの水に15分ほどつけて塩抜きする。ザルにあげて、水気をしっかりときり、食べやすい長さに切る。
②ゆでダコは包丁を斜めに入れ、そぐように薄切りにする。きゅうりは輪切りにして塩をふり、しんなりしたら水気を軽くしぼる。
③器に①と②を盛り合わせ、混ぜ合わせたAを適量かけて食べる。

＊刺身用の生のタコならそのまま合わせる。

ちょっとだけ手をかけて、ひと味ちがうもずく酢に。とろとろとコリコリ、食感の妙も楽しめます。ごく簡単に作りたいときは、市販のもずく酢に薄切りのタコ、おろししょうがを合わせるだけでも。

ポテトサラダ

きゅうり、たまねぎと酢マヨネーズで和える。

材料（2人分）

じゃがいも …… 2個
たまねぎ …… ¼個
きゅうり …… ½本
塩 …… 少々
マヨネーズ …… 大さじ4
酢 …… 小さじ2
塩
黒こしょう …… 各適量

作り方

①じゃがいもは丸ごと、たっぷりの水と鍋に入れて強火にかける。沸騰したら弱火にし、竹串がスッととおるまで30〜40分ゆでる。
②たまねぎは薄切りに、きゅうりは薄い輪切りにして塩少々をふってもみ、しんなりしたら水気をしぼる。マヨネーズと酢をよく混ぜる。
③①のじゃがいもが熱いうちに皮をむき、ボウルに入れておおまかにつぶす。②を加えて和え、味をみて塩、黒こしょうでととのえる。

酢をしっかりきかせると、ビールがすすむアテ向けのポテトサラダに。じゃがいもは、大きさや季節によってゆで時間が変わってくるので、そのつど確かめながらゆでてください。

マカロニサラダ

スパゲティ、ハム、野菜をマヨネーズで和える。

材料（2人分）

スパゲティ …… 50g
にんじん …… 5cm
きゅうり …… ½本
ロースハム …… 2枚
マヨネーズ …… 大さじ2
塩 …… 適量
黒こしょう …… 適量
A
- 酢 …… 小さじ1
- 砂糖、粒マスタード …… 各小さじ½
- オリーブ油 …… 少々

作り方

①にんじんは薄めのいちょう切りか半月切りに、きゅうりは縦半分に切って斜め薄切りにする。ハムは半分に切ってから細切りにする。
②鍋にたっぷりの湯を沸かして塩少々（分量外）を加え、半分に折ったスパゲティをゆでる。スパゲティをゆでながら、同じ湯でにんじんもゆでておく。
③スパゲティがゆであがったら水気をきり、Aを混ぜてからめる。さらにマヨネーズを加えて和える。
④③にきゅうりとハムを加えてざっくり混ぜ、塩、黒こしょうで味をととのえる。

お酒に合わせるポイントは塩味をきっちりつけること。マカロニと言いつつ、スパゲティで作ります。スパゲティは太いのでも、細いのでも。袋の表示時間よりも少し長めにゆで、やわらかくしあげるとおいしいです。

しいたけとねぎの卵焼き

干ししいたけ、ねぎ入りの甘い卵焼きを作る。

材料（2人分）

卵 …… 3個
干ししいたけ（スライス）
　…… 軽くひとつかみ
細ねぎ（小口切り）…… 適量
サラダ油 …… 適量
A
　干ししいたけのもどし汁
　　…… 1/4カップ
　砂糖
　しょうゆ　…… 各大さじ1

作り方

①干ししいたけは20分ほど水につけてもどし、軽く水気をきっておおまかに刻む。
②ボウルに卵を割りほぐし、①、細ねぎ、Aを加えて菜ばしで切るように混ぜる。
③卵焼き器を中火でよく熱し、サラダ油をひいて②を流し入れる。卵液が均等に広がるように動かしながら、表面がかわいてきたら向こう側から手前に巻く。巻けたら向こう側へ寄せ、空いた部分に卵液を流し入れ、再び同様に巻く。卵液がなくなるまで繰り返す。
④まな板にとり出し、ふきんなどで包んで形をととのえ、粗熱がとれたら切り分けて盛る。

少し甘めのおそば屋さん風。スライスタイプの干ししいたけは、もどし時間が短いので重宝します。もどした汁がだしのかわりになります。

つくね

鶏肉だんごを焼き、甘辛ダレをからめる。

材料（2～3人分）

鶏ひき肉（もも）…… 200g
エリンギ …… 1本
長ねぎ …… 10cm
しょうが …… ½かけ分
（すりおろし）
溶き卵 …… 大さじ1
塩
黒こしょう
（塩・黒こしょう）…… 各少々
片栗粉 …… 小さじ1
ごま油 …… 大さじ2
A
　しょうゆ …… 大さじ1½
　みりん …… 大さじ1
　酒 …… 大さじ1
　砂糖 …… 大さじ½

作り方

①エリンギは5㎜の角切りに、長ねぎは粗みじん切りにする。Aを合わせておく。
②ボウルに鶏ひき肉、エリンギ、長ねぎ、しょうが、溶き卵、塩、こしょう、片栗粉を入れ、手で練り混ぜる。6等分して、平らなだんご型に丸める。
③フライパンにごま油を熱し、強めの中火で②を焼く。こんがりと焼き目がついたら裏返し、ふたをして弱火で焼く。火がとおったらふたをとって火を強め、Aを加えて水分をとばすようにからめる。
④器に盛り、黒こしょう（分量外）をふる。

鶏ひき肉は、適度に脂の入ったものがおすすめ。豚ひき肉と混ぜたり、豚肉だけでもアレンジできます。お好みで卵黄をからめたり、大根おろしを添えたりすると、ちょっと居酒屋さん風に。

こんにゃくのきんぴら

ごま油で炒め、甘辛く味つける。

材料（2人分）

こんにゃく …… 小1枚（150g）
赤唐辛子（種をとる）…… 1本
ごま油 …… 大さじ1
A
- 酒・みりん …… 各小さじ1
- ナンプラー …… 小さじ2
- しょうゆ …… 小さじ½

作り方

①こんにゃくはスプーンで薄くけずるように切り、水から5分ほど下ゆでする。プリッとしたところでザルにあげ、水気をよくふく。赤唐辛子は小口切りにする。
②フライパンにごま油を熱し、こんにゃくを中火で炒める。表面に焼き色がついてきたら、唐辛子を加えてざっと炒め合わせる。
③合わせたAを3回くらいに分けて加え、水分をとばすように炒め合わせる。

こんにゃくはスプーンで切ってデコボコの食感にすると、味がよくからみます。
こんにゃくに限らず、きんぴらにナンプラーを入れるとコクが出ておいしいです。

納豆きんちゃく

油揚げに納豆を詰めて焼く。

材料（2人分）

油揚げ …… 2枚
長ねぎ …… 10㎝
納豆 …… 2パック
しょうゆ …… 適量
しょうが（すりおろす）…… 適量

作り方

①油揚げは半分に切り、表面にめんぼうや丸い箸を転がして開く。長ねぎは小口から薄切りにする。
②納豆に添付のタレとからし、長ねぎを加えて混ぜ、4等分して油揚げに詰める。口を爪楊枝で縫うようにとめる。
③焼き網を熱して②を並べ、両面をこんがりと焼き、しょうがじょうゆで食べる。

個人的には大粒納豆が好みです。網がなければ、魚焼きグリルやオーブントースターで焼いても大丈夫。油揚げの上からめんぼうや丸い箸などを転がすと、あとから開きやすくなります。

まぐろのヅケ

まぐろをヅケ汁に漬ける。

材料（2人分）

まぐろ（刺身用）…… 100g
大葉 …… 適宜
【ヅケ汁】
酒 …… 大さじ3
みりん …… 大さじ1
しょうゆ …… 大さじ3
ごま油 …… 小さじ1

作り方

①ヅケ汁を作る。小鍋に酒、みりんを入れて火にかけ、ひと煮立ちしたら火からおろし、しょうゆを加え混ぜる。粗熱がとれたらごま油を加える。
②まぐろを切ってバットに並べ入れ、①を加えて30分ほど漬ける。
③大葉をあしらった器に盛る。

すぐに食べてもおいしいし、翌日あたりには焼酎にも合う濃厚な味わいに。薬味はあまり添えず、どーんと魚を味わうのもオツです。かつおやブリでもいけます。

あじのタタキ

香味野菜と合わせ、レモンじょうゆで。

材料（2人分）

あじ（刺身用）…… 80g
しょうが（千切り）
細ねぎ（小口切り）…… 各適量
大葉 …… 適量
おろしわさび …… 適宜
A
しょうゆ …… 小さじ1
レモン汁 …… $\frac{1}{3}$個分

作り方

①あじは端から包丁を入れ、上から下へ斜めにすべらせるようにして、そぎ切りにする。
②ボウルに①、しょうが、細ねぎを合わせ、Aを加えてざっくりと和える。
③器に盛って大葉をちぎってのせ、わさびを添える。

たたかないタタキ。日本酒や焼酎片手に、チビチビとお箸でつまめます。しょうゆを塩少々に変え、オリーブ油を少し加えるとワインに合う味つけに。

いかのワタ焼き、バターじょうゆ味

ワタと炒め、バターじょうゆで味をつける。

材料（2人分）

するめいか …… 大1はい
細ねぎ（小口切り）…… 適量
サラダ油 …… 大さじ1
バター …… 大さじ1
黒こしょう …… 適量
A
　酒
　しょうゆ　…… 各大さじ1
　砂糖 …… 小さじ½

作り方

①いかをさばく。胴の中に指を入れ、ワタ（オレンジ色の袋）ごと足を引っ張り出す。胴はプラスチックのような軟骨を引き抜き、中までよく水洗いして水気をふいたら、1cmの輪切りにする。足のほうはワタを切り離し、目と口（目の間にあるコリコリした部分）とスミ袋をとりのぞいて、2本ずつくらいに切り離す。

②フライパンにサラダ油を弱火で熱し、ワタに切り目を入れて中身を出す。焦がさないように混ぜながら炒め、プツプツしてきたらいかを加えて中火にし、からめながら手早く炒める。

③いかの色が変わりはじめたら、A、バター、細ねぎを加えてざっと炒め合わせ、器に盛って黒こしょうをふる。

縁日風の懐かしい味。いかのやわらかさのために、とにかく素早く炒めてください。いかを丸ごとさばけるようになると、料理の世界が少し広がります。

するめの天ぷら

ソフトさきいかを天ぷらにする。

材料（２人分）

ソフトさきいか …… 30g
揚げ油 …… 適量
しょうゆ
マヨネーズ
レモン（くし型切り）
…… 各適量

【衣】
マヨネーズ …… 大さじ１
塩 …… 少々
冷水 …… ½カップ
薄力粉 …… 50g
（½カップ程度）

作り方

①衣を作る。ボウルにマヨネーズ、塩、水を入れて混ぜ合わせる。薄力粉を加え、少し粉っぽさが残る程度にサックリと混ぜる。
②①にソフトさきいかを加え、ざっと混ぜて衣をからませる。菜ばしで3本ずつくらいにまとめながら、少し高めの中温（180℃→p.7）の油でカラリと揚げる。
③器に盛り、しょうゆ、マヨネーズ、レモンを添える。

ソフトさきいかを使ったお手軽天ぷら。マヨネーズを加えると、サクサクと軽い食感の衣にしあがります。衣は混ぜすぎるとねばりが出てくるので、菜ばしで切るようにサックリと混ぜてください。

ポテトフライ

ゆでじゃがいもにパン粉をまぶして揚げる。

材料（2人分）

じゃがいも …… 2個
薄力粉
溶き卵 …… 各適量
パン粉
揚げ油 …… 適量
ウスターソース …… 適宜

作り方

①じゃがいもは丸ごとゆで（→p.58「ポテトサラダ」①参照）、水気をふいて、皮をむかずに一口大に切る。いもが熱いうちに薄力粉をまぶし、溶き卵にくぐらせてからパン粉をつける。

②少し高めの中温の油（180℃→p.7）で、きつね色になるまでカラリと揚げる。

③器に盛り、ウスターソースをかける。

昔、お肉屋さんで売っていた懐かしの味です。懐かしの味のスタンダードなアテ、グッときます。衣に青のりを混ぜるのもおすすめ。

ハムカツ

重ねてパン粉揚げにし、千切りキャベツと。

材料（2人分）

ハム …… 8枚
練りがらし …… 適量
キャベツ …… ⅛個
パン粉 …… 適量
揚げ油 …… 適量
ウスターソース …… 適宜
A
- 溶き卵 …… ½個分
- 薄力粉 …… 大さじ3
- 水 …… 大さじ2〜3

作り方

①ハムの表面にからしを薄くぬり、もう1枚を重ね、2枚1組にする。キャベツは千切りにして水にさらし、シャキッとさせておく。ボウルにAを混ぜ合わせる。
②①のハムをAにくぐらせてパン粉をしっかりとまぶし、少し高めの中温の油（180℃→p.7）でカラリと揚げる。
③半分に切って器に盛り、キャベツを添えてソースをかける。

こういうジャンクな食べものも、呑みの席では喜ばれます。からしをきかせて大人な味に。油は少なめでもうまく揚げられるので、フライパンの底から3㎝くらいでじゅうぶんです。

鶏手羽先の塩焼き

塩こしょうをもみこみ、じっくりと焼く。

材料（2人分）

鶏手羽先肉 …… 6本
塩 …… 小さじ1
黒こしょう …… 小さじ½
ごま油 …… 大さじ1
粉山椒 …… 適宜

作り方

①手羽先は食べやすいように骨の間に切り込みを入れる。塩、黒こしょうをすりこみ、15〜20分おく。
②フライパンにごま油を熱し、鶏肉を皮目から並べ入れ、両面にこんがりと焼き色がつくまで弱めの中火で焼く。
③中まで火がとおったら器に盛り、粉山椒をふって食べる。

＊手羽先は「ベトナム風焼き鳥」（p.89）にも。

塩をして少し時間をおくことで、鶏の旨みがグッと引き出されます。手羽先に火がとおるまで、わりと時間がかかるので、弱火でじっくりと気長に焼いてください。

鶏のから揚げ

酒、しょうゆで下味をつけ、片栗粉と揚げる。

材料（2人分）

鶏もも肉 …… 1枚
しょうゆ …… 大さじ1
酒 …… 小さじ½
片栗粉 …… 適量
レモン …… 適宜

作り方

①鶏もも肉は一口大に切り、しょうゆ、酒をもみこみ30分ほどおく。
②①に片栗粉をまんべんなくまぶし、中温の揚げ油（170℃→p.7）でカリッと揚げる。
③器に盛り、好みでレモンをしぼって食べる。

味つけは潔くしょうゆのみ、超シンプルな鶏からです。片栗粉は薄力粉でもかまいません。むね肉で作ると、また違うおいしさです。

鶏手羽と厚揚げの甘辛煮

オイスターソース味の煮汁でじっくり煮る。

材料（2人分）

鶏手羽元肉 …… 6本
厚揚げ豆腐 …… 10㎝角2枚
しょうが（薄切り）…… 2〜3枚
酒 …… ¼カップ
香菜 …… 適宜
A
オイスターソース
しょうゆ
…… 各大さじ1
砂糖 …… 小さじ2
酢 …… 小さじ½

作り方

①手羽元は骨の両脇に切り込みを入れ、食べやすくしておく。厚揚げは軽く油をふき、三角形に1枚を2等分する。
②鍋に手羽元、しょうが、酒、A、水1カップを入れて火にかけ、沸騰したらアクをすくう。弱火にしてふた（できれば落としぶた、なければアルミホイル等で代用しても）をし、20分ほど煮る。厚揚げを加え、さらに15分ほど煮る。
③鶏肉がやわらかく煮えたら器に盛り、ざく切りにした香菜をちらす。

手羽肉の脂、厚揚げのコク、オイスターソースの旨みの3拍子で、こっくりと良い味わいに。厚揚げからもおいしいだしが出るので、油抜きはしません。こってり好きの人は、手羽先で作ってみてください。

鶏きものしょうゆ煮

しょうゆベースの煮汁でさっと煮る。

材料（2～3人分）

鶏きも …… 200g
長ねぎ（白い部分、細切り）
　…… 適量
ごま油 …… 適量
A
　酒
　しょうゆ　…… 各$\frac{1}{4}$カップ
　しょうが（千切り）…… $\frac{1}{2}$かけ分
　長ねぎ（青い部分）…… 1本分
　赤唐辛子（種をとる）…… 1本

作り方

①鶏きもは白い部分をとりのぞき、半分に切る。塩水のなかで軽くもみ洗いし、ざっと流水にさらしてザルにあげ、水気をしっかりとふく。
②小鍋にAを入れて強火にかけ、沸騰したら①を加える。アクをすくって弱火にし、ふたをして5分ほど煮る。8割がた火がとおったら火を止め、ねぎと赤唐辛子をとり出して、煮汁につけたまま冷ます。
③②を薄くスライスして器に盛り、長ねぎを添え、ごま油をまわしかける。

冷たくして食べるとおいしいです。冷蔵庫で5日間ほど日持ちするので、とりあえず、のアテにも。鶏きもは、できるだけ新鮮なものを使ってください。

牛すじの煮込み

じっくりと甘辛く煮込み、みそ味にしあげる。

材料（作りやすい量）

牛すじ …… 400g
大根 …… ¼本
にんじん …… ½本
糸こんにゃく …… 150g
みそ …… 大さじ2〜3
長ねぎ …… 適量
（白い部分、小口切り）
七味唐辛子 …… 適量

A
- 焼酎 …… ½カップ
- 砂糖 …… 大さじ2
- 長ねぎ（青い部分）…… 1本分
- しょうが（皮ごと）…… 1かけ
- にんにく（皮をむく）…… 1個

B
- しょうゆ …… ½カップ
- みりん …… ½カップ

作り方

①牛すじはさっと下ゆでし、ザルにあげて水洗いして、食べやすい大きさに切る。大根、にんじんは一口大に切る。糸こんにゃくは水から5分ほど下ゆでしてアクを抜き、ザルにあげて水気をきる。

②鍋に牛すじ、かぶる程度の水、Aを入れて強火にかけ、沸騰したらアクをすくう。弱火にしてふたをずらしてのせ、ときどきアクや脂をすくいながら、1時間ほどコトコト煮る。

③すじがやわらかくなってきたら、ねぎ、しょうが、にんにくをとり出し、大根とにんじんを加え、やわらかくなるまで煮込み続ける。糸こんにゃくとBを加え、さらに30分ほど煮たら、味をみながらみそを溶き入れる。

④器に盛って長ねぎをちらし、七味唐辛子をふる。

たまには時間をかけて作るアテもいいものです。どんぶりにして〆にするのも、おすすめ。ちょっと多めにできあがりますが、冷蔵庫で3〜4日間持ちます。

肉豆腐

すきやき風の甘辛い煮汁で煮ふくめる。

材料（2人分）

もめん豆腐 …… 小1丁
牛切り落とし肉 …… 150g
長ねぎ …… 1本
えのき …… 1パック（80g）
サラダ油 …… 大さじ½
バター …… 小さじ1
七味唐辛子 …… 適宜
A
　だし汁 …… ¾カップ
　しょうゆ …… 大さじ3
　砂糖
　酒 …… 各大さじ2
　みりん …… 大さじ1

作り方

①もめん豆腐はキッチンペーパーで包んで15分ほどおき、軽く水切りをする。牛肉は食べやすい大きさに切る。長ねぎは5cmのぶつ切りにする。えのきは石づきを切り落としてほぐす。
②鍋にサラダ油とバターを熱し、牛肉を炒める。色が変わりはじめたら長ねぎも加えてざっと炒め、Aを加える。
③沸騰したらアクをすくって火を弱め、えのきを加える。豆腐を手でおおまかにちぎりながら加え、落としぶたをして5〜6分、中弱火で煮ふくめる。
④器に盛り、七味唐辛子をふりかける。

ごはんに合う、でもお酒にはもっと合います。豆腐は焼き豆腐に、野菜はたまねぎやまいたけに代えても。牛肉は、脂身多めのほうがおいしくできます。

煮魚

魚をごぼうと煮ふくめる。

材料（2人分）

切り身魚 …… 2切れ
（メカジキ、ブリ、カレイなど）
ごぼう …… ½本
細ねぎ …… ⅓束
A
　だし汁 …… ½カップ
　酒 …… ¼カップ
　しょうゆ …… 大さじ3
　みりん
　砂糖 …… 各大さじ1
　しょうが（薄切り）…… 2〜3枚

作り方

①ごぼうはたわしで泥を洗い落とし、皮ごとピーラーで薄くむき、むいたそばから水にさらす。軽くもんで何度か水を変え、ザルにあげて水気をきる。細ねぎは根を落として半分の長さに切る。
②鍋にAを入れて強火にかけ、沸騰したら水気をふいた魚を並べる。上からごぼうをのせてふたをし、中火で3〜4分煮る。魚を裏返し、さらにふたをして3分ほど煮る。
③魚に火がとおったら細ねぎを加えてサッと煮て、器に盛る。

ひなびた味わいの煮魚です。ごぼうはピーラーでカンタンなささがきに。メカジキが煮くずれもせずおいしいのですが、関西ではあまり見かけないので、私はいつもブリやカレイで作ります。

あさりと大根のさっと煮

さっと蒸し煮。しょうゆと七味唐辛子。

材料（２人分）

あさり …… 400g
大根（3㎝の輪切り）…… 1片
酒 …… ¼カップ
しょうゆ …… 適量
七味唐辛子 …… 適量

作り方

①あさりは砂抜き（海水くらいの塩水に1時間ほどつける）し、水洗いしてザルにあげる。大根は皮をむいて薄い短冊切りにする。

②小鍋に①、酒、水 ¼カップを入れてふたをし、強火にかける。沸騰したら弱火にし、そのまま2～3分ほど煮て、貝の口が開いたら火を止める。

③汁ごと器に盛り、しょうゆをたらして七味唐辛子をふる。

＊あさりは「にゅうめん」（p.118）にも。

池波正太郎さんのエッセイを読んで、我が家流に再現してみたアテ。熱燗によく合います。あさりは肝臓にやさしい食材なので、呑兵衛には欠かせません。しょうゆはナンプラーにしてもおいしいです。

4 気分で呑む。

お酒に合わせたり、たまには変化球を。

エスニック煮卵

ゆで卵をエスニック味に煮る。

材料（作りやすい量）

ゆで卵 …… 6個
長ねぎ（千切り）
香菜（ざく切り）　…… 各適宜
ごま油

A
- 酒 …… 1カップ
- ナンプラー …… 大さじ4
- 砂糖 …… 大さじ2
- オイスターソース …… 大さじ1½
- 八角（バラバラにする）…… 2かけ

作り方

①小鍋にAを入れて強火にかけ、沸騰したら殻をむいたゆで卵を入れて、転がしながら弱火で2～3分煮る。

②煮汁に漬けたまま冷まし、好みで長ねぎや香菜を添え、ごま油をまわしかけて食べる。

ねぎや香菜を添えてごま油をふりかければ、なかなか粋なつきだしに。冷蔵庫で3～4日をめやすに食べきってください。ゆで卵は水から火にかけて、沸騰して4～5分で半熟、7～8分で固ゆでというところ。

豚肉と高菜のオムレツ

豚ひき、高菜入りの丸いオムレツを作る。

材料（２人分）

卵 …… 3個

高菜漬け …… 大さじ 2
（市販、ごま入りのもの）

豚ひき肉 …… 50g

ごま油 …… 大さじ 1

A

- ナンプラー …… 小さじ ½
- 砂糖 …… 小さじ 1
- 黒こしょう …… 適量

作り方

①ボウルに卵を割りほぐし、Aを加えて混ぜ合わせる。

②フライパンにごま油を熱して中火で豚ひき肉を炒め、軽く塩、黒こしょう（分量外）して炒める。ポロポロのそぼろになったら、高菜漬けを加えてさらに炒める。

③高菜がしんなりしたら①を加え、菜ばしで切るようにざっと混ぜる。ふたをして弱火にし、全体がかたまってきたらひっくり返し、両面をこんがりと焼き上げる。

漬け物と卵は意外に相性よし。フライパンで丸く焼くアジア風オムレツです。卵を加えたら、具となじむようにふんわりとかき混ぜてください。

トンペイ焼き

豚肉、ねぎ、揚げ玉を卵でとじ、ソースで。

材料（2人分）

豚バラ薄切り肉 …… 120g
卵 …… 2個
細ねぎ
揚げ玉（市販） …… 各適量
サラダ油 …… 大さじ1
ウスターソース …… 適量
ケチャップ …… 適量

作り方

①豚肉は5cmくらいに切る。細ねぎは小口切りにする。

②フライパンにサラダ油大さじ½を熱し、豚バラ肉の半量を並べて焼く。豚肉を一度返し、火がとおったら、ねぎと揚げ玉をのせて卵1個を割り入れ、ヘラでつぶしながら手早く広げる。ふたをしてしばらく焼き、卵に火がとおったらソースをまわしかける。もう1枚も同様に焼く。

③器に盛り、ケチャップをかけて食べる。

関西では居酒屋やバーでも食べられる、定番人気のアテ。バラバラの具を、つぶした卵でまとめる感じで焼いてください。しあげのソースは、少し焦がすのがポイント。このジャンクな味、最高です。

じゃがいものガレット

千切りにしてコンビーフと混ぜて、丸く焼く。

材料（2人分）

じゃがいも …… 中2個
コンビーフ …… 1缶
塩、黒こしょう …… 各適量
薄力粉 …… 小さじ2
オリーブ油 …… 大さじ1½

作り方

①じゃがいもは千切りにしてボウルに入れる。コンビーフを手でちぎりながら加え、塩、黒こしょう、薄力粉を加えてざっと混ぜ合わせる。

②フライパンにオリーブ油大さじ1を強火で熱し、じゃがいもがクロスするように①を広げ入れる。ヘラでしっかりと押さえながら丸く形作り、弱めの中火にしてじっくりと焼いて、片面に焼き色がついたらひっくり返す。

③オリーブ油大さじ½を足して強火にし、もう片面もカリッと色よく焼き上げる。

④器に盛り、しあげにたっぷり黒こしょう（分量外）をふる。

直径18㎝程度のフライパンで焼く分量です。小さいほうが、ひっくり返すときの失敗が少ないと思います。じゃがいもはくっつきやすいよう、水にはさらしません。

ベトナム風バターコーン

桜えび、ねぎと炒めてバターナンプラー味に。

材料（2人分）

スイートコーン …… 1缶
（約 130g）

細ねぎ …… 適量

桜えび …… 軽くひとつかみ

サラダ油 …… 大さじ ½

バター …… 大さじ 1

A

- ナンプラー …… 小さじ ½
- 砂糖 …… ひとつまみ
- 黒こしょう …… 少々

作り方

①スイートコーンはザルにあげて水気をきる。細ねぎは小口切りにする。

②フライパンでサラダ油を熱し、スイートコーンを加えて炒める。桜えびを加えて炒め合わせ、バター、細ねぎを加えてザッと炒める。

ベトナムの路上で食べられる、ビールによく合うおいしいアテ。バターとしょうゆが合うように、バターとナンプラーもなかなかのコンビです。アツアツのコーンをホカホカのご飯に混ぜて、〆にもできます。

ベーコンステーキ、クレソン添え

厚切りにして焼き、クレソンを添える。

材料（２人分）

ベーコン（ブロック）…… 1本
クレソン …… 1束
レモン（くし型切り）
黒こしょう
…… 各適量

作り方

①ベーコンは１〜2㎝厚さに切り分ける。クレソンはざく切りにする。
②フライパンを弱火にかけ、油をひかずにベーコンを焼く。あまりいじらずに、両面にこんがりと焼き色がつくまで、弱めの中火でじっくり焼く。
③器に盛って黒こしょうをふり、クレソンとレモンを添える。

単純でカンタンな料理ながら、食べごたえはじゅうぶん。半熟の目玉焼きを添えるのもおすすめ。ベーコンからうっすら脂がにじみ出てくるまで、じっくりのんびり焼いてください。マスタードを添えても。

ゆで豚、生野菜とみそダレ

切り分け、生野菜とみそダレで食べる。

材料（2人分）

豚肩ロース肉 …… 300g
（ブロック）

酒 …… 大さじ2

塩 …… 小さじ1

サニーレタス
大葉
香菜
…… 各適量

A

- 豚肉のゆで汁 …… 大さじ2
- みそ …… 大さじ2
- 砂糖 …… 小さじ2
- ごま油 …… 大さじ½
- にんにく …… 1かけ分（すりおろし）

作り方

①鍋に豚肉とかぶるくらいの水、酒、塩を入れ、火にかける。沸騰したらアクをすくい、弱火にして20〜30分煮る。火がとおったら、ゆで汁につけたまま冷ます。

②Aを混ぜ合わせておく。

③薄切りにしたゆで豚、食べやすい大きさにちぎったサニーレタス、大葉、香菜を器に盛り合わせ、②を添える。

ゆであがった豚肉は、ゆで汁につけたまま冷ますとパサパサにならず、ジューシーな食感になります。冷めてからのほうが、きれいに切り分けるのもカンタン。野菜で巻き、みそをチョンとのせて食べます。

牛肉と野菜の オイスターソース炒め

オイスターソース&しょうゆで甘辛く炒める。

材料（2人分）

牛切り落とし肉 …… 100g
ブロッコリー …… ½房
しめじ …… ½パック
ミニトマト …… 5個
にんにく …… 1かけ
ごま油 …… 大さじ1
黒こしょう …… 適量
A
　酒 …… 大さじ2
　オイスターソース …… 大さじ1
　しょうゆ …… 大さじ1
　砂糖 …… 小さじ1

作り方

①牛肉は大きければ一口大に切る。ブロッコリーは小房に切り分け、茎も薄切りにする。ミニトマトは半分に切り、しめじは石づきを落としてほぐす。にんにくは薄切りにする。
②フライパンにごま油を熱し、牛肉を中火で炒める。肉の色が変わってきたら、にんにくを加えて炒め合わせ、ブロッコリーも加え、水大さじ2をふりかけてふたをする。
③ブロッコリーがやわらかくなったら、ふたをはずして火を強め、しめじ、ミニトマト、Aを加えてざっと炒め合わせる。
④器に盛り、黒こしょうをふる。

ビールや紹興酒はもちろん、意外に赤ワインとも合う、旨みたっぷりの中華風炒め。
ササッとできる炒め物は、早く飲みたい！というときの強い味方です。

砂ずりソテー

塩、こしょうして炒め、ガーリック風味に。

材料（2人分）

砂ぎも …… 150g
塩 …… 適量
たまねぎ …… ¼個
にんにく …… 1かけ
オリーブ油 …… 大さじ1
黒こしょう
レモン
粒マスタード
（黒こしょう・レモン・粒マスタード …… 各適量）

作り方

①砂ぎもは1つを4等分に切り分け、しっかりめに塩をふる。たまねぎはくし型切りに、にんにくは包丁の腹でつぶして粗みじんに刻む。

②フライパンにオリーブ油とにんにくを入れて火にかけ、良い香りがしてきたら砂ぎもを加えて炒める。ところどころに焼き色がついてきたら、たまねぎを加えてさっと炒め合わせ、味をみて足りなければ塩でととのえる。

③器に盛って黒こしょうをふり、レモンと粒マスタードを添える。

砂ずりというのは、関西で砂ぎものこと。関西人は「ずり」って注文します。砂ぎもは炒めすぎるとかたくなるので、つまみ食いしながら、コリコリした食感を残してしあげましょう。

ベトナム風焼き鳥

カリッと焼き、ナンプラーとはちみつをからめる。

材料（2人分）

鶏手羽先肉 …… 6本
ごま油 …… 大さじ ½
レモン（くし型切り）…… 適量
香菜 …… 適量
A
　ナンプラー …… 大さじ 1
　はちみつ …… 大さじ ½

作り方

①手羽先は関節に包丁を入れてとがった部分を切り離し、骨の間に切り込みを入れて食べやすくしておく。
②フライパンにごま油を熱し、鶏肉を皮目を下にして並べ入れ、強火で焼きつける。焼き目がついたらひっくり返してふたをして、弱火で蒸し焼きにする。
③火がとおったらふたをはずして強火にもどし、Aを加えてからめる。
④器に盛り、レモンと香菜を添える。

＊手羽先は「塩焼き」（p.70）にも。

ベトナムの居酒屋でも大人気のメニュー！　子供から大人まで楽しめる、ベトナム風の焼き鳥です。はちみつを使うと、テリよくおいしそうにしあがります。

春雨サラダ

春雨をハム、野菜と一緒に中華風ドレで和える。

材料（2人分）

春雨 …… 50g
きゅうり …… ½本
ロースハム …… 4枚
レタス …… 2〜3枚
A
　酢 …… 大さじ1½
　オイスターソース …… 大さじ1
　しょうゆ …… 小さじ1
　練りがらし …… 小さじ½
　ごま油 …… 大さじ1

作り方

①春雨は水に10分ほどつけてもどす。熱湯でゆでてザルにあげ、流水で洗ってからはさみで食べやすい長さに切り、しっかりと水気をきっておく。
②きゅうりは斜め薄切りにしてから細切りにする。ハムは半分に切って細切りにする。レタスはおおまかにちぎる。
③Aを混ぜ合わせ、①、②と和える。

からしをきかせると、お酒にもよく合う味に。春雨は沸騰した湯に入れ、透き通ってきたら、良いゆで具合。水気をしっかりときってから和えるのが、おいしさのポイントです。

ツナのタイ風サラダ

ツナを野菜と一緒にタイ風ドレで和える。

材料（2人分）

ツナ（オイル漬け）…… 中1缶
米 …… 大さじ1
ミニトマト …… 6個
細ねぎ …… 3本
ミント …… ひとつかみ
サニーレタス …… 適量
A
- ナンプラー・レモン汁 …… 各大さじ1
- 砂糖 …… 小さじ2
- 粉唐辛子 …… 小さじ ½

作り方

①米をフライパンに入れ、ときどきゆすりながらから炒りする。薄く色づいたらすりばちに入れ、食感が残る程度にすりつぶす。ミニトマトは半分に切り、細ねぎは小口切りにする。ミントは手でおおまかにちぎる。

②鍋に湯2カップを沸かし、ツナを漬け汁ごと加えてさっとゆで、ザルにあげる。ボウルに入れ、①を加えてざっくり混ぜ、混ぜ合わせたAを加えて和える。

③サニーレタスをあしらった器に盛る。

常備しているツナ缶で、よく作ります。炒り米は、ごく弱火でじっくりと、うっすら色づくまで15分くらい炒ってください。すりばち以外に、コーヒー用のミルサーでも簡単につぶせます。

豆腐のチャイニーズサラダ

くずし豆腐と水菜を和え、中華風ドレで食べる。

材料（2人分）

きぬ豆腐 …… 小1丁
水菜 …… 1/4束
かつおぶし …… 適量
A
しょうゆ
酢
オイスターソース
…… 各小さじ1
ごま油 …… 小さじ2
長ねぎ…… 10cm分
（白い部分、みじん切り）

作り方

①豆腐は30分ほどしっかりと水切りする。水菜は4〜5cmのざく切りにし、冷水にはなってパリッとさせる。Aを混ぜ合わせておく。
②ボウルに豆腐をおおまかにくずしながら入れ、水気をふいた水菜を加えてざっくり和える。
③器に盛ってAをまわしかけ、かつおぶしをのせる。

ポイントは豆腐をしっかりと水切りしておくこと。クリーミーにしあがります。長ねぎのみじん切りは、まず縦に何本か切り込みを入れ、切り込みが開かないよう押さえながら、端から刻んでいくとうまくできます。

チーズ入り揚げ餃子

チーズを大葉と包んで揚げる。

材料（２人分）

スライスチーズ …… 3枚
大葉 …… 10枚
餃子の皮 …… 10枚
揚げ油 …… 適量
スイートチリソース …… 適宜

作り方

①チーズは包みやすい大きさに手でちぎる。
②餃子の皮を広げ、大葉でチーズを巻いてのせる。縁の内側に水をつけて半分にたたみ、中の空気を抜きながらヒダを寄せ、ぴっちりと包む。
③揚げ油を中温（170℃ →p.7）に熱し、②をきつね色にカリッと揚げて、スイートチリソースをつけて食べる。

溶けたチーズが流れ出ないよう、皮の縁はしっかり留めてください。スイートチリソースはタイの調味料。なければ塩やケチャップでもおいしく食べられます。

かつおのベトナム風

香味野菜を添え、ベトナム風ドレで食べる。

材料（２人分）

かつお …… 150g
（刺身用、薄切り）

みょうが …… 2個

大葉 …… ５枚

貝割れ大根 …… ½パック

香菜 …… 適量

A

ナンプラー …… 大さじ１
砂糖 …… 小さじ２
レモン汁 …… ⅓個分
にんにく（すりおろし）…… 少々
ごま油 …… 適量

作り方

①みょうがは縦半分に切ってから薄切りに、大葉はざく切りにする。貝割れ大根は根を落として半分に切る。香菜はざく切りにする。ボウルに合わせて冷水にさらし、ザルにあげて水気をよくきる。

②Aを混ぜ合わせてタレを作る。

③器にかつおを並べて①を添え、②、ごま油をまわしかける。

ナンプラーを使って、いつものお刺身をベトナム風の一皿に。白身やタコなど、かつお以外のお刺身でもおいしく作れます。

野菜たっぷり南蛮漬け

揚げ魚とたっぷり野菜を南蛮ダレに漬け込む。

材料（2～3人分）

切り身魚 …… 3切れ
（あじ、サバなど）

たまねぎ …… $\frac{1}{4}$個
にんじん …… $\frac{1}{2}$本
きゅうり …… 1本
ミニトマト …… 5個
塩
薄力粉 …… 各適量
揚げ油 …… 適量

A
- 酢 …… $\frac{1}{2}$カップ
- ナンプラー …… 大さじ$1\frac{1}{2}$
- 砂糖 …… 大さじ2
- 赤唐辛子 …… 1本（種をとって小口切り）

作り方

①たまねぎは薄切りに、にんじんは千切りにする。きゅうりは縦半分に切ってから、斜め薄切りにする。ボウルに合わせて塩少々をふってもみ、しんなりしたら水気を軽くしぼる。

②Aをよく混ぜ合わせてバットに入れ、①、半分に切ったミニトマトを漬けておく。

③魚を一口大に切って水気をふき、全体に軽く塩をふって薄力粉をまぶす。

④揚げ油を中温（170℃→p.7）に熱し、③をカリッと揚げる。②の野菜をバットの端に寄せ、魚を揚がったそばから油をきって漬けていく。

⑤魚の上から野菜をかぶせるようにしてのせ、漬け汁をなじませながら冷ます。

野菜は塩もみするとたっぷり食べられます。熱々もおいしいですが、冷蔵庫で冷たくした翌日ぐらいのほうが、味がよくしみています。冷蔵庫に入れ、3日ほどで食べきってください。

カキの炒り煮

酒炒りし、ガーリックオイルをからめる。

材料（2人分）

カキ（加熱用）…… 150g
にんにく …… 1かけ
赤唐辛子（種をとる）…… 1本
酒 …… 小さじ2
しょうゆ …… 小さじ1
オリーブ油 …… 大さじ1

作り方

①カキは塩水でさっと洗ってザルにあげる。にんにくは薄切りに、赤唐辛子は小口切りにする。

②小鍋にカキ、酒を入れて強火にかけ、焦げつかないように鍋をゆすりながら炒る（途中、一度だけ身を返す）。身がぷっくりして汁気が少なくなったら、にんにく、唐辛子、しょうゆを加え、ザッと混ぜて火を止める。

③粗熱をとって、オリーブ油をからめる。

カキはできるだけいじらずに炒ると、身がふっくらしあがります。バゲットと一緒に食べたり、黒こしょうをふるのもおすすめ。冷蔵庫で1週間は保存できます。

フィッシュ&チップス

タラをビール衣で揚げ、フライドポテトを添える。

材料（2人分）

タラの切り身 …… 2切れ
じゃがいも …… 大1個
塩
黒こしょう　…… 各適量
薄力粉
揚げ油 …… 適量
パセリ …… 適宜
【衣】
溶き卵 …… ½ 個分
ビール …… ½ カップ
塩 …… 少々
薄力粉 …… ½ カップ
ベーキングパウダー …… 小さじ ½
（または重曹）

A
マヨネーズ …… 大さじ2
酢 …… 小さじ2

作り方

①タラは一口大に切って水気をふき、軽く塩、こしょうし、薄力粉をまぶす。じゃがいもは8等分のくし型に切り、水にさらしてから水気をふく。Aを合わせておく。
②ボウルに卵とビールを混ぜ合わせ、塩、薄力粉、ベーキングパウダーを加える（粉系は余裕があればふるうとなおよい）。菜ばしなどでサックリと混ぜ合わせる（ダマが少し残っている程度）。
③揚げ油を強めの中火にかけ、油が冷たいうちにじゃがいもを入れる。中温（170℃）まで熱してじっくりと揚げ、火がとおったら油をきり、熱いうちに塩をふる。タラを②にくぐらせ、同じ油できつね色になるまで揚げる。
④器に盛り合わせ、混ぜ合わせたA、パセリを添える。

ビールを入れることで、サクサクした衣に。じゃがいもは冷たい油からゆっくり揚げると、しっかり水分が抜けてカリッとしあがります。残ったビールをちびちび飲みながら揚げるのも楽しいです。

鶏肉ときのこのクリーム煮

白ワインと生クリームでとろりと煮込む。

材料（2人分）

鶏もも肉 …… 1枚
たまねぎ …… ¼個
マッシュルーム …… 1パック
オリーブ油 …… 大さじ1
バター …… 大さじ1
白ワイン …… ¼カップ
生クリーム …… ½カップ
塩・黒こしょう …… 各適量
パセリ・レモン …… 各適量

作り方

①鶏肉は一口大に切る。たまねぎは薄切りに、マッシュルームは半分に切る。
②フライパンにオリーブ油を熱し、鶏肉を中火で炒める。表面の色が変わってきたら、たまねぎを加えてさらに炒める。たまねぎがしんなりしたらバターを加えて溶かし、マッシュルーム、白ワインを加えてざっと炒め合わせる。
③水¼カップ、生クリームを加え、フツフツと煮立ってきたら弱火にし、ふたをして5〜6分蒸し煮にする。全体がトロリとなったら、塩、黒こしょうで味をととのえる。
④器に盛って刻んだパセリをちらし、レモンをしぼって食べる。

白ワインによく合います。しあげにレモンをしぼると、こってりしすぎません。料理に使うワインは、安いものや飲みかけでもじゅうぶん。コンビニで売っているミニサイズのものがおすすめです。

チヂミ3種
（ニラ&じゃこ、きのこ、キムチ&するめ）

3種の生地を焼き、にんにくじょうゆで。

材料（直径15㎝、3枚分）

卵 …… 1個
水 …… 2カップ
薄力粉 …… 1½カップ
塩 …… 少々
ごま油 …… 適量

A　ニラ（ざく切り）…… ¼束
　　ちりめんじゃこ
　　　…… 軽くひとつかみ

B　まいたけ …… 1パック
　　（石づきを落としてざく切り）

C　キムチ（ざく切り）…… 80g
　　ソフトさきいか …… 10g

【タレ】
しょうゆ …… 大さじ4
酢、ごま油、白ごま …… 各小さじ2
にんにく …… 2かけ分
（すりおろす）

作り方

①タレの材料を混ぜ合わせる。
②ボウルに卵を割りほぐし、水、薄力粉、塩を加えてなめらかに混ぜ合わせる。3つに分け、それぞれにA、B、Cを加えてざっくり混ぜる。
③フライパンにごま油を中火で熱し、生地を1種類流し入れて丸く広げる。片面に焼き色がついて、かたまってきたらひっくり返し、ヘラで押さえながら両面をこんがりと焼き上げる。
④残りの生地も同様に焼き、食べやすく切って①を添える。

小さめのフライパンで焼きます。ヘラでしっかり押さえながら焼くと、パリッとしたしあがりに。きのこチヂミには、マヨネーズをかけるのもおすすめです。

湯豆腐

昆布だしで煮、香味じょうゆと薬味で食べる。

材料（2人分）

きぬ豆腐 …… 1丁
水菜 …… ½束
昆布 …… 5㎝角1枚
長ねぎ
すだち
七味唐辛子
（以上3点）…… 各適量
【香味じょうゆ】
酒 …… ½カップ
しょうゆ …… ¼カップ
にんにく …… 1かけ
（皮をむいてつぶす）

作り方

①鍋に昆布を入れ、適量の水をはって30分ほどおく。
②豆腐は奴に切る。水菜は食べやすい長さに切る。長ねぎは小口切りに、すだちはくし形に切る。
③香味じょうゆを作る。小鍋に酒を入れて火にかけ、ひと煮立ちしたらしょうゆ、にんにくを加えて弱火で2～3分煮、器に入れる。
④①の鍋を弱めの中火にかけ、温まってきたら昆布をとり出し豆腐と水菜を加えて煮る。器に取り分けて香味じょうゆをかけ、長ねぎ、すだち、七味唐辛子と食べる。

日本酒を呑むようになって、おいしさのわかった鍋料理。豆腐がメインなのでここはぜひ、おいしいお豆腐で。だし用昆布は、小さく切ってビンに入れ常備しておくと、ちょっとしただしをとりたいときに便利です。

鶏だんご鍋

野菜と煮、ポン酢とゆずこしょうで食べる。

材料（２人分）

鶏ひき肉 …… 300g
長いも …… 50g
長ねぎ（みじん切り）…… 10㎝
しょうが …… ½かけ分
（すりおろし）
溶き卵 …… 1個分
片栗粉 …… 大さじ 1
白菜 …… ⅛個
春菊 …… ½束
しいたけ …… 4個
ポン酢
ゆずこしょう …… 各適量

A
しょうゆ …… 小さじ ½
塩
黒こしょう
ごま油 …… 各少々

B
酒 …… ¼カップ
鶏ガラスープの素 …… 小さじ 1

作り方

①ボウルに鶏ひき肉を入れ、長いもをすりおろして加える。長ねぎ、しょうが、卵、片栗粉、Aも加え、ねばりが出てまとまるまでよく練り混ぜる。
②白菜は芯と葉に分け、芯は縦細切りに、葉はざく切りにする。春菊はざく切りに、しいたけは石づきを落として軸ごと半分に切る。
③鍋に水 4カップ、Bを入れて火にかける。沸騰したら白菜の芯としいたけを入れ、再び煮立ったら①をスプーンですくいながら落とし入れる。だんごに火がとおったら、残りの野菜も加えてさっと煮、ポン酢とゆずこしょうで食べる。

長いもを加えた肉だんごは、フワフワ、トロトロとやわらかい食感。ゆるくて扱いにくいときは片栗粉で多少なら調整できます。鍋のあとのスープはごはんを加え、残っている溶き卵でとじ、細ねぎをちらしておじやにします。

ねぎま鍋

甘辛だしで煮、煮えばなを黒こしょうや七味で。

材料（2人分）

長ねぎ …… 1本
まぐろ …… 200g
（お刺身用のサク）

黒こしょう
七味唐辛子
…… 各適宜

A

だし汁 …… 2カップ
酒 …… 大さじ 2
しょうゆ …… 大さじ 2～3
みりん …… 大さじ 2～3

作り方

①長ねぎは 5㎝のぶつ切りにする。まぐろは 1～2㎝厚さに切り、ねぎと同じくらいの大きさにする。

②鍋に A を入れて火にかけ、煮立ったらねぎを加えて煮る。ねぎがやわらかく煮えたら、まぐろを加えてサッと煮る。

③器に取り分け、黒こしょうや七味唐辛子をふって食べる。

くれぐれも、まぐろには火を通しすぎないように。食べるときに、そのつど加えるくらいが良い塩梅です。かつおのお刺身、ブリ、メカジキでもおいしくできます。

豚肉とクレソンのしゃぶしゃぶ

ワインベースのだしでしゃぶしゃぶにする。

材料（2人分）

豚薄切り肉 …… 200g
（しゃぶしゃぶ用）

クレソン …… 2束

たまねぎ …… ½個

昆布 …… 5㎝角1枚

A

白ワイン …… ½カップ
塩 …… 小さじ1
オリーブ油 …… 大さじ1
にんにく …… 1かけ分
（すりおろし）

【タレ】

塩・黒こしょう・しょうゆ
オリーブ油・レモン …… 各適量

作り方

①鍋に水3カップ、昆布を入れ、そのまま30分ほどおいておく。

②クレソンはざく切りに、たまねぎは薄切りにする。

③①の鍋にAを加えて火にかけ、沸騰したら昆布をとり出す。豚肉、たまねぎ、クレソンを順に加え、煮えばなを器に取り分ける。タレの材料を好みに合わせながら食べる。

鍋でワインを開けたいときは、味つけもちょっとひと工夫。だしに加える酒をワインに代えるだけでも、グッと洋風になります。いつもの鍋野菜に加え、クレソン、たまねぎ、トマトなどもワインと相性がよいです。

5 〆る。

冷蔵庫のもので、酔っ払っていても作れそうなものを。

お茶漬け

たたき梅、柿の種、みつば、ほうじ茶。

材料（２人分）

温かいご飯
……茶碗に軽く２杯分
梅干し……２個
柿の種
みつば
焼きのり
ほうじ茶
……各適量

作り方

①梅干しは種をとりのぞき、包丁でたたく。柿の種はおおまかにくだく。
②器にご飯を盛り、梅干し、ちぎったのり、みつばをのせて熱々のほうじ茶を注ぎ、柿の種をちらす。

永遠の〆のスタンダード。柿の種はあられの代わり。ポリポリした食感が加わっておいしくなります。

もち茶漬け

焼きもちに、だし汁をそそぐ。

材料（2人分）

切りもち …… 2個
おろしわさび
白ごま
好みの漬け物
…… 各適量

A
だし汁 …… 2カップ
酒 …… 大さじ1
薄口しょうゆ …… 小さじ1
塩 …… 少々

作り方

①切りもちは、焼き網やオーブントースターでこんがりと焼く。
②小鍋にAを入れて温める。
③もちをそれぞれの器に盛り、②を等分にかける。わさびをのせ、ごまを指先でひねりつぶしながらふりかけて、漬け物を添える。

たまにはこういう上品な〆も喜ばれます。ごまは指先でひねりつぶすと、半ずりの状態になって香りよくなります。

焼きおにぎり

しょうゆとごま油をぬって二度焼き。

材料（2人分）

温かいご飯
　……茶碗に軽く2杯分
しょうゆ
ごま油　……各適量

作り方

①手のひらに水をつけ、おにぎりを2個にぎる。
②焼き網をしっかりと熱し、ごま油を薄くぬって①を並べ、ひっくり返しながら弱火で焼く。
③表面がかたまったら、混ぜ合わせたしょうゆとごま油をぬり、香ばしい焼き色がつくまでさらに焼く。

網をしっかりと熱し、油をぬってから焼きはじめると、おにぎりがくっつきません。網がなければオーブントースターで。このときは、ごま油をぬったアルミホイルの上で焼くとうまくいきます。

焼き鮭みそ雑炊

みそ味の雑炊を作り、塩鮭、ねぎ、大葉。

材料（２人分）

ご飯 …… 茶碗に軽く２杯分
甘塩鮭 …… １切れ
だし汁 …… ３カップ
酒 …… 大さじ１
みそ …… 大さじ２
細ねぎ（小口切り）、大葉 …… 各適量

作り方

①塩鮭は魚焼きグリルかフライパンで焼き、おおまかにほぐしておく。
②鍋にだし汁、酒を入れて火にかける。沸騰したらご飯を加えてほぐし、弱火で２〜３分煮たら、みそを溶き入れる。
③器に盛って塩鮭をのせ、細ねぎ、ちぎった大葉をちらす。

塩鮭はあまり塩辛くないほうが合います。みそは田舎みそなどの、素朴なものを。煮すぎると香りがとんでしまうので、加えたらすぐに火を止めてください。

みょうがご飯

温かいご飯にみょうが、きゅうりを混ぜる。

材料（2人分）

温かいご飯 …… 茶碗に軽く2杯分
みょうが …… 2個
きゅうり …… ½本
白ごま …… 適量
しょうゆ …… 大さじ2

作り方

①みょうが、きゅうりは小口から薄切りにする。合わせてボウルに入れ、塩ひとつまみ（分量外）をまぶして軽くもみ、しんなりしたら水気を軽くしぼる。
②ボウルにご飯を入れ、①、白ごま、しょうゆを加えてざっくりと混ぜる。

よく行く料理屋さんで食べる〆を、我が家風にアレンジ。大葉、しょうが、オクラなどを刻んで混ぜてもおいしいです。ご飯を気持ち少なめで作るのが、おいしさのポイント。夏になると必ず食べたくなります。

キムチチャーハン

豚キムチのチャーハンを作り、目玉焼きのっけ。

材料（２人分）

温かいご飯
　…… どんぶりに１杯分程度(200g)
豚こま肉 …… 80g
キムチ …… 60g
細ねぎ …… 適量
ごま油 …… 大さじ１
目玉焼き（半熟）…… 2個
黒こしょう …… 適量
A
　ナンプラー …… 小さじ２
　砂糖 …… 小さじ½

作り方

①豚こま肉は一口大に切る。キムチは汁気を軽くしぼり、おおまかに刻む。細ねぎは小口切りにする。

②フライパンにごま油を熱し、強めの中火で豚肉を炒める。豚肉に火がとおったら、キムチを加えて水分をとばすように炒め、ご飯を加えてほぐすように炒め合わせる。全体がパラリとしてきたら、細ねぎ、Aを加え、ザッと炒め合わせる。

③器に盛って目玉焼きをのせ、黒こしょうをふる。

ご飯はかために炊いて温かい状態から炒めると、パラパラにしあがりやすいです。木ベラでほぐすように炒めてください。半熟の目玉焼きをトロリとからめて食べるとおいしいです。

かまたま

熱々のうどんに卵をからめる。

材料（1～2人分）

うどん（ゆで）…… 1玉
卵 …… 1個
細ねぎ
すだち …… 各適量
A
オイスターソース …… 大さじ ½
しょうゆ …… 小さじ 1
豆板醤 …… 少々

作り方

①鍋にたっぷりの湯を沸かし、うどんをゆでる。
②どんぶりに卵を割りほぐし、Aを混ぜておく。
③ゆであがった熱々のうどんを②に入れ、手早くかき混ぜる。細ねぎをふりかけ、すだちを添える。

うどんの熱で卵をトロトロにさせるのが、おいしさの秘訣。ゆであがったらサッと湯をきって、手早く混ぜ合わせてください。

カレーうどん

油揚げ、ねぎで甘辛カレー味のうどんに。

材料（1～2人分）

うどん（ゆで）…… 1玉
豚バラ薄切り肉 …… 60g
油揚げ …… ½枚
たまねぎ …… ¼個
長ねぎ …… 10cm
だし汁 …… 2カップ
カレールウ …… 2山（約40g）
A
しょうゆ …… 小さじ2
みりん …… 大さじ1½

作り方

①豚肉は一口大に切る。油揚げは細切りに、たまねぎは1cm幅に切り、長ねぎは斜め薄切りにする。
②鍋にだし汁を沸かし、豚肉、油揚げ、たまねぎ、長ねぎを加える。アクをすくってからAを加え、弱火で煮る。具に火がとおったらカレールウを加え、完全に溶けるまでさらに煮る。
③うどんを加えて3分ほど煮、とろみがついたら器に盛る。

なぜか実においしい、呑んだあとのカレーうどん。たまねぎと長ねぎを両方入れて、ちょっとしっかりめに味つけを。うどんは袋から出して直接加えると、汁にほどよいとろみがつきます。

チーズペンネ

生クリーム&チーズのソースにペンネをからめる。

材料（１～２人分）

ペンネ …… 80g
生クリーム …… ½カップ
ゴルゴンゾーラ …… 40g
（ブルーチーズ）
パルミジャーノチーズ …… 大さじ１
（すりおろし）
塩
黒こしょう …… 各適量

作り方

①鍋にたっぷりの湯を沸かして塩を加え、ペンネを時間どおりにゆではじめる。
②フライパンに生クリームを入れ、中火にかける。一度ブワッと煮立たせたら、火からおろしてゴルゴンゾーラを手でちぎって加え、ざっと混ぜながら余熱で溶かす。
③ゆであがったペンネを②に加えて再び火にかけ、パルミジャーノを加えて混ぜ、味をみて足りなければ塩でととのえる。器に盛って黒こしょうをふる。

のびにくいショートパスタはちびちび食べるおつまみ向け。2種類のチーズで飽きのこない味に。ゴルゴンゾーラチーズの代わりにモツァレラチーズでも。

そばサラダ

そば、香味野菜を梅風ドレで和える。

材料（1〜2人分）

そば …… 1玉
みょうが …… 2個
細ねぎ …… 適量
大葉 …… 5枚
梅干し …… 2個
白ごま …… 適量
A
しょうゆ
みりん
ごま油 …… 各小さじ1
酢 …… 小さじ½
水 …… 大さじ1

作り方

①そばはゆでてザルにあげ、流水でもみ洗いしてしっかりと水気をきる。みょうがは縦半分に切ってから薄切りに、細ねぎは小口切りに、大葉は千切りにする。
②梅干しは種をとりのぞいて包丁でたたき、Aと混ぜ合わせる。
③①と②、白ごまをボウルに入れて和え、器に盛る。

サッパリと〆たいときにおすすめ。日本酒にもよく合うので、呑んでいる途中のつまみにもなります。そうめんに代えてもおいしい。タレはポン酢＋ゆずこしょう＋ごま油でも。

ねぎ塩ラーメン

即席ラーメン（塩味）にねぎたっぷり。

材料（1〜2人分）

インスタントラーメン …… 1袋
（市販、塩味）
長ねぎ（白い部分）…… ½本
塩 …… ひとつまみ
ごま油 …… 小さじ ½
白ごま
黒こしょう
…… 各適量

作り方

①長ねぎは薄い小口切りにして塩をまぶし、ごま油と和えておく。
②鍋にラーメンの袋の表示よりも気持ち多めの湯を沸かし（500cc だったら 550cc くらい）、あとは表示どおりにインスタントラーメンを作る。
③器に盛って①をのせ、たっぷりの白ごま、黒こしょうをちらす。

インスタントラーメンも、ほんの少し手を加えるだけでかなり素敵な〆に。いざ！というときにも役立ちます。ちょっと薄めにスープを作っておくと食べ飽きません。〆に買っておいても、途中で作り出す人がいたりします。

インスタント坦々麺

即席ラーメン（しょうゆ味）にピリ辛肉そぼろ。

材料（1～2人分）

インスタントラーメン …… 1袋
（市販、しょうゆ味）
豚ひき肉 …… 80g
もやし …… 1/3袋
長ねぎ（みじん切り）…… 5cm分
しょうが …… 1/2かけ分
（みじん切り）
ごま油 …… 大さじ 1/2
ニラ（細かく刻む）
黒すりごま
…… 各適量
A
酒
みそ
…… 各小さじ 1
豆板醤
しょうゆ
…… 各小さじ 1/2

作り方

①鍋にごま油を熱し、長ねぎとしょうがを炒めて香りを出す。豚肉を加えて炒め、ポロポロにほぐれてきたら、合わせておいたAで味をつける。
②①の鍋に、ラーメンの袋の表示よりも少し多めの水を加える。沸騰したらアクをすくい、麺を入れて表示時間どおりにゆで、もやし、添付のスープを加えて火を止める。
③器に盛ってニラをのせ、黒すりごまをふる。

インスタントラーメンで作る〆、もうひとつ。ご馳走気分を味わえるラーメンです。
辛めが好きな人は、豆板醤の量を増やしたり、しあげにラー油をふりかけて。

あさりにゅうめん

ゆでたそうめんにあさりのだし汁をかける。

材料（１～２人分）

そうめん …… 2把（100g）
あさり …… 20粒程度
酒 …… 大さじ２
ナンプラー …… 適量
大葉 …… 5枚
香菜 …… １～2株
白ごま、黒こしょう …… 各適量

作り方

①あさりは砂出しをし（海水くらいの塩水に１時間ほどつける）、水洗いしてザルにあげる。
②鍋に①、酒、水３カップを加えて火にかける。沸騰したらアクをすくい、貝の口が開いたらナンプラーで味をととのえる。
③そうめんをゆで、水気をきってそれぞれの器に盛る。
④③に②のスープをかけ、刻んだ大葉と香菜、白ごま、黒こしょうをちらす。

＊あさりは「さっと煮」（p.77）にも。

あさりは簡単にだしがとれるので、サッと作りたいときに重宝します。塩気に差があるので、ナンプラーは味見をしながら加えてください。二日酔いの朝にも。

しじみ汁

しじみでとっただし汁に、塩と薄口しょうゆ。

材料（2人分）

しじみ …… 100g
酒 …… 大さじ1
塩 …… 適量
薄口しょうゆ …… 少々

作り方

①しじみは砂抜きをし、水洗いしてザルにあげる。
②鍋に①、酒、水2カップを入れて火にかける。貝の口が開いたら塩で味をととのえ、薄口しょうゆを落として風味をつける。

＊しじみは淡水貝なので、塩抜きするときは、薄い塩水か真水で。

しじみは酔いざましの特効薬。これもまた、二日酔いの朝におすすめ。とてもシンプルですが、呑んだあとには、作って良かったとしみじみ思える一品です。

青のりのみそ汁

豆腐と生青のりでみそ汁を作る。

材料（2人分）

生青のり …… 50g
きぬ豆腐 …… ½丁
だし汁 …… 2カップ
みそ …… 大さじ2

作り方

①青のりはザルにあけてざっと水で洗い、しっかりと水気をきる。
②鍋にだし汁を温めてみそを溶き入れ、おおまかに切った豆腐を加える。
③豆腐が温まったら①の青のりを加え、サッと煮て火を止める。

生青のりは春から初夏が旬。スーパーにも出回るので、ぜひその頃に作ってみてください。磯の良い香りを楽しむために、火はとおしすぎないようにします。

6 常備もの、季節もの。

うちの「家呑み」ヒント、いろいろ集めました。

うちの常備もの

すぐつまみになりそうなものを、なにかと常備してしまうのは、酒呑みの習性なんだそうです。

私はチーズが大好物で、おいしいナチュラルチーズの食べかけも「さけるチーズ」でも6Pチーズでも、とにかくチーズだけを一緒くたにタッパーに入れ、冷蔵庫に常備しています。好きだからあると嬉しい、とも単純に思うのですが、チーズが冷蔵庫にあるというだけで、ちょっと余裕な気分で呑むことができる。誰かと呑んでいて「もうちょっと何かつまみたいね」となったときでも、内心シメシメと思いながら、「あ、チーズあるよ」とか言っていそいそと冷蔵庫を開け、パパッと出すことができる。

この「●●がある」という先手の余裕が、気楽な家呑みの精神衛生上、とてもいい。あまり手をかけずにちゃんとつまみたい、というときも、だいたいができあがっている常備ものや市販品なら、味に不安をおぼえず食べることができ、人にすすめることができます。

それから、「そうだ！　●●があるからアレが作れる」なんていう安心感もポイント。この安心感が、家呑みでの次なるステップにつながります。

ここでは、そんな常備もの、それにひと手間かけるだけのアテ、お酒や調味料のことなどをご紹介します。予告なしでやってくる「今日は家で呑みたい」——そのために、ぜひ読み込んでみてください。

① 冷凍もの

◎パンの冷凍

食パン、バゲット、ドライフルーツやナッツの入った甘めのハード系パンなどを冷凍しておくと便利。
スライスしてストックしておくと、ちょっとずつつまみやすく（チーズ、ハム、ディップなんかと一緒につまむ）、冷凍のまま、オーブントースターで3〜4分で焼ける。

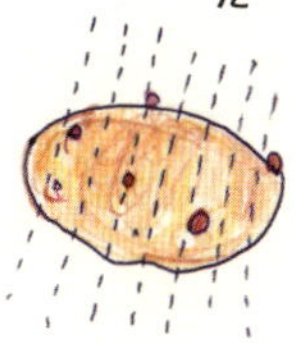

◉パンの冷凍保存
スライスしたパンの間に、くねくねとラップをはさんでいく。（a）
いちいち包まなくても、こうするとひっつきません。
そのあとポリ袋（ジップロックとか）に入れる（b）とOK。

a

b

食パンも
同じ方法で。

◎冷凍ごはん

〆のお茶漬け／チャーハン／雑炊などに。
茶碗1杯分より〝少しだけ少なめに〟ラップで包む。

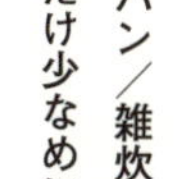

◎麺類

うどん、ラーメン、そばなど。これも〆用。

◎豚こま、ひき肉

チャーハン、炒めものの具、お好み焼きに。
80g（1人分）ずつ冷凍しておくと、切らずにそのまま使えます。

◎油揚げ

汁ものの具、サラダに混ぜたり（軽く焼いて）、さっと焼いてしょうがじょうゆでも。
そのまま冷凍し、使うときは自然解凍します。

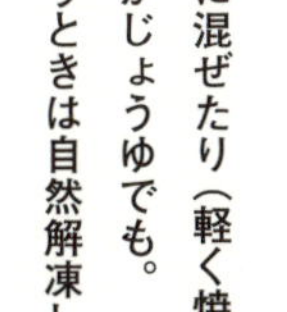

◎切りもち

〆に便利。おろしもち、もちピザ（もちの上に具、溶けるチーズをのせて焼く）など、アレンジ豊富。

◎バニラアイス

一味唐辛子や黒こしょうを混ぜると「酒に合うデザート」に。
はちみつとラム酒をかけても、甘党に喜ばれます。

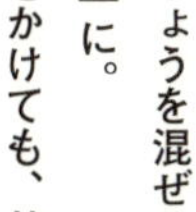

② 買って冷蔵

◎漬け物（たくわん、しば漬け、わさび漬け、梅干し、キムチなど）

塩漬け、しょうゆ漬けはチーズと一緒に食べてもおいしい。
キムチにツナを混ぜるだけ、コレもいけます。

◎ソーセージ、ベーコン

ソーセージはさっとゆでてマスタードと食べたり、
オムレツの具にも。ベーコンはカリカリに炒めるだけでも。

◎ちくわ、かまぼこ

ちくわはチーズ、きゅうり、わさび漬けなどを詰めるとおいしい。
かまぼこは、ふつうに板わさでもいいし、
わさび漬けをからめるとウマイ。

◎じゃこ、桜えび

じゃこはカリカリに炒ってサラダに入れたり
（塩もみキャベツ＋ゆずポン酢がおすすめ）、
冷奴、お好み焼きにも。
桜えびはお好み焼きや焼きそば、
シンプルチャーハン
（他の具は青ねぎ、白ごまのみ）もおいしい。

カリカリに
炒る。

◎納豆

［バター炒め］
バターで炒め、みそ or しょうゆを少々。
のりで巻いても。

［混ぜるとおいしいもの］
しば漬け、たくわん、塩こんぶ、
じゃこ、刻みねぎ、白ごま、長いものすりおろし…。

◎塩辛

クリームチーズと和えるとおいしい。

◎のりのつくだ煮

おろしわさびを混ぜてかまぼこや
大根スライスにのっけるとおいしい。

◎オリーブ

オムレツの具にするとおいしい。

オリーブは
半分に切って入れる。

◎チーズいろいろ

うちの定番は、クリームチーズ、ブルーチーズ、
さけるチーズ。ほかの食材と合わせて
簡単なアテにすることが多いです（左ページ参照）。

チーズの合わせ技

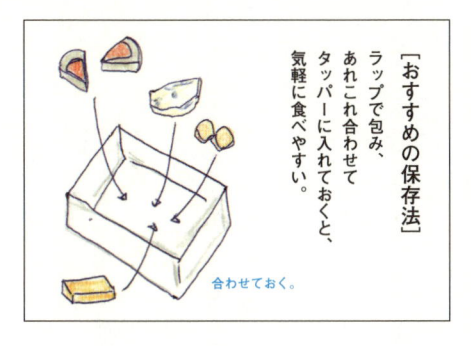

私はチーズが好物なので
家には常に2、3種類のチーズが
常備されています。
チーズだけで食べてもいいのですが、
ほかの食材と合わせると、より、
様々なお酒がすすむようになります。

［おすすめの保存法］
ラップで包み、
あれこれ合わせて
タッパーに入れておくと、
気軽に食べやすい。

※線を引いているもの同士がおすすめの組み合わせです。

クリームチーズ

クリームチーズ＆みそディップ（p17）はササッと作れておすすめ。

カマンベールチーズ

ブルーチーズ

ハード系のチーズ（パルミジャーノなど）

フレッシュ系チーズ（モツァレラチーズなど）

モツァレラチーズやマスカルポーネなどのフレッシュ系チーズはフルーツジャム（マーマレードとか）に合います。
白みそと合わせてディップにして、パンにぬっても、おいしい。
モツァレラチーズにしょうゆをたらすと日本酒に合います。

バゲット

チーズとの黄金コンビ！
薄く切ってトーストする。
市販のラスクにブルーチーズやカマンベールをのせて食べても、甘辛でおいしい。

クッキー（甘）

クラッカー（辛）

「クッキー（甘）＋ブルーチーズ」や「クラッカー（辛）＋カマンベール」でトーストするとおいしい。

漬け物

たくわん、しば漬け、わさび漬け、野沢菜漬け…。
刻んでクリームチーズと混ぜるとおいしい。日本酒や焼酎にも合う。

生野菜／温野菜

［カマンベールフォンデュ］
丸ごとの上部を少しくりぬいて、ホイルでくるんでトースターで焼く。
（じっくり。チーズがトロッとなるまで）

ミニトマト、ブロッコリー、にんじん、じゃがいも…

③ 作って冷蔵

◎バジルペースト

バジル、にんにく、松の実、オリーブ油＋塩
をフードプロセッサーで撹拌するだけ。
トーストに乗せたり、パスタソース、炒めものにも。

←オリーブ油で表面に「フタ」をしておくと、色がきれいに保てる。

ミニトマトと和えて豆腐にのせると「イタリアン奴」。
「モツァレラ＋トマト」（p.21）のソース
（そのときみょうがは入れない）にしても。

◎アンチョビバター

缶のアンチョビを刻んでバターに混ぜ
（バター大さじ3杯に、アンチョビ1片くらい。
おろしにんにくも少々）、冷凍庫で固めるだけ。
レーズンバターの感覚で。

◎みそ床

食材の保存期間も延ばせます。酒飲みには、
常備している人が多い気がします（作り方は左ページ）。

◎豆みそ

市販の節分の豆がおいしいアテになります。
①炒り大豆1カップを軽くフライパンで炒る。
②そのあいだに酒¼カップ、
みそと砂糖各大さじ3、
みりん大さじ2を合わせておく。
③豆が香ばしい匂いになったら②を加え、
強火で煮詰めてぽってりさせればできあがり。
1週間はもちます。

これが意外にご飯もすすむ。

◎ねぎみそ

長ねぎ1本をみじん切りにし、
焼き色が少しつくくらいまで炒め、
みそ・酒各¼カップ＋砂糖大さじ2＋みりん大さじ1
を加え、ポッテリするまで炒りつける。
そのままつまんだり、焼きおにぎり、
鮭の切り身にぬってきのこと一緒にホイル焼き、
お湯をそそいで即席みそ汁…など使い方いろいろ。

みそ床

うちの冷蔵庫にはみそ床が常備されています。
といっても、みそを酒で適当にのばしただけなのですが。

作り方

目安はみそ1カップに酒が大さじ3程度。
のばしやすい（扱いやすい）やわらかさになるまでよく混ぜ、
タッパーに移して、これでみそ床は完成。

みそ漬け盛り合わせは、
チマチマつまむのに最適。

使い方

食材をそのままみそ床にうずめ、
翌日以降から食べられます。
表面が焦げやすいので、肉や魚などを焼くときは
表面についたみそをサッと洗い、きれいに拭いてから。
みそ床は2〜3回、くり返して使えます。
使うたびに酒少々を足して混ぜておくと、
より長持ちします。

＊翌日〜2日目がおいしいもの
魚の切り身（鮭、鯛、サワラなど）、鶏肉、
鶏レバー（これは酒を加えた水で下ゆでし、
水気をよくふいてから漬ける）、卵黄

ししとう
（サッと焼く）
長いも
クリームチーズ

＊3日目以降からおいしくなるもの
クリームチーズ、豆腐（水切りしてから漬ける）、
野菜（にんじん、長いも、ししとう、アボカドなど）

［卵黄のみそ漬け方法］

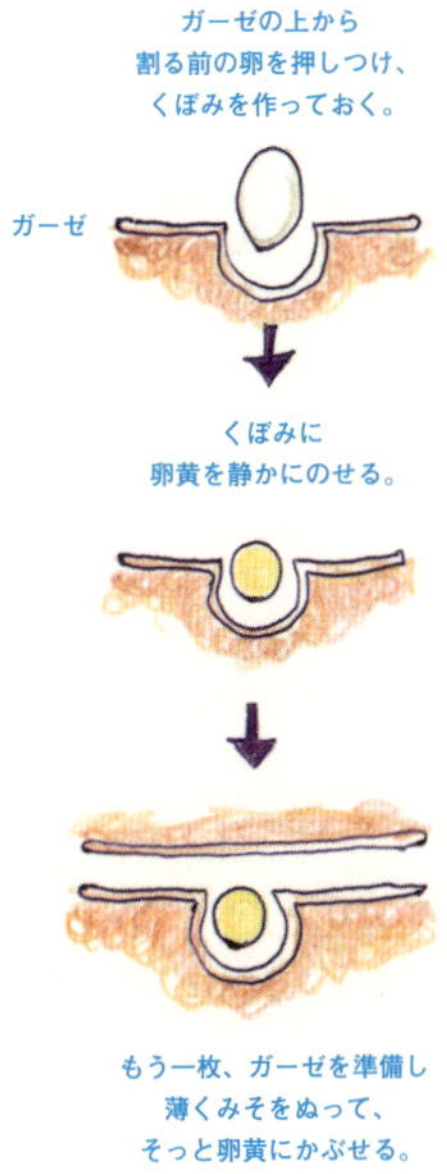
ガーゼの上から
割る前の卵を押しつけ、
くぼみを作っておく。
ガーゼ
くぼみに
卵黄を静かにのせる。
もう一枚、ガーゼを準備し
薄くみそをぬって、
そっと卵黄にかぶせる。

＊翌日〜2日目が食べ頃です。

［唐辛子みそ床］

生の唐辛子を3本ほど、そのまま漬け、
半月ほどほうっておきます。
風味がつき、ふつうのみそ床とひと味ちがう味わいに。
少しみりんも混ぜて作るとおいしいです。
（漬けた唐辛子も刻んでアテになります）

④ 缶詰、乾物

◎ツナ缶ディップいろいろ

油を軽くきった小1缶にオリーブ油大さじ1を加えて、
フォークの背などでよくつぶし、
［和風（おにぎりにも）］マヨネーズ＋しょうゆ＋わさび
［洋風］レモン汁＋おろしにんにく＋こしょう
［焼酎に合う］クリームチーズ＋みそ＋こしょう
［生野菜に合う］ナンプラー＋こしょう＋ごま油
（オリーブ油は入れない）

バゲットにのせて。
きゅうりやキャベツにのっけても。

◎コンビーフ缶いろいろ

A）薄く切ったバゲットにマヨネーズを塗り、のせて食べる。
B）丸ごと盛って、マヨネーズと黒こしょう。
C）たっぷりの万能ネギとチャーハンに
（ナンプラー少々）。

［コンビーフグラタン］
おおまかにほぐし、
ミニトマトと一緒に耐熱皿に入れ、
溶けるチーズをのせトースターへ
（ちょっとしょうゆをたらすとおいしい）。

クラッカーを添えても。

◎オイルサーディン缶いろいろ

A）マヨネーズ＋マスタード＋パン粉（ボリューム出ます）
B）くし切りたまねぎ＋ミニトマトを手でつぶして加え、
ナンプラー、しょうゆ、こしょう、酒を加え、
トースターで焼く（サンドイッチにもなる）。
C）軽く油をきってフライパンにあけ、
香ばしく焼く（ナンプラー、レモン汁少々、
葱や香菜をちらし、ごはんにのせても）。

◎スパム缶

サッと焼いて半熟目玉焼きとからめてもいいし、

［ポークチャンプルー］
ゴーヤとキャベツで炒める。
塩こしょう少々。卵でとじても。

［きゅうりとポーク和え］
軽く塩もみしたきゅうり
＋サイコロ切りランチョンミート
（＋水にさらした玉ねぎスライスを加えても）、
ナンプラー少々、砂糖少々を、
ゴマ油で和え、黒コショウ。ビールに合う。

黒こしょうを
たっぷりふる。

◎コーン缶

A）そのままサラダにしたり
（p.135の洋風ドレッシングで和えて、
スプーンですくって食べるとケンタッキー風）

B）みそラーメンのトッピングに。

C）香菜とチヂミ（生地はp.99）にして、
コチュヂャンで食べるのもいけます。

◎パイン缶 

好みは分かれますが、

［キャベツとパイナップルのピリ辛サラダ］

千切りして塩もみしたキャベツとにんじんと
汁をきって5㎜厚に細かく切った
パインを合わせ（入れすぎると甘い）、
ナンプラー1＋酢½＋
缶シロップ½～1＋粉唐辛子少々
のドレで食べる。
カシューナッツを混ぜても。

［豚肉、トマト、パインの炒めもの］

チリソース1＋酢&砂糖各½＋塩こしょう少々
で炒める。にんにくをきかせるとおいしい。
ちょっと中華風。

◎お麩

［からし酢みそ和え］

もどしたお麩を小さく刻み、
からしを入れた酢みそ（p.138）で和える。

［フーチャンプルー］

もどして一口大に切ったお麩、
ニラ、もやし、にんじんなどを卵と炒める。
味はしょうゆと砂糖少々、あれば焼酎で香りづけ。
お麩を先に卵にからめておくと炒めやすい。

◎スルメ（ソフト／さきいか）

さっと炙って、ホットチリソース（＋マヨネーズでも）を
添えるのがベトナム流。

［水菜とスルメのサラダ］

細めにさいて水菜と合わせ、
マヨネーズドレで食べる。
ざっくり和えて。

★マヨネーズドレ

マヨ大さじ2 ＋ しょうゆ小さじ1 ＋ 豆板醤

⑤ お酒

◎ビール

グラスまで冷やしてみてください。
家でも、びっくりするほどおいしく飲めます。

［ビールの美しい注ぎ方］

①まずは一気に注いで泡をたて
②しばらく待って
③泡が落ちついてきたら静かに満たす（泡3：液体7に）

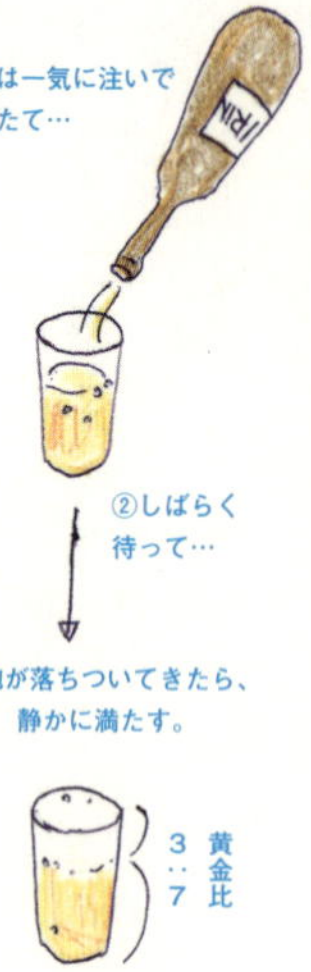

◎梅酒

こういう保存酒が常備されていると、
日々の晩酌はより充実します。
あまり飲めなくても、梅酒好きっていう人は結構多いので、
そういう人にも楽しんでもらえます。
漬かっていた梅を食べながら飲む、というのもオツ。
（作り方はp.132）。

◎焼酎

南のほうのお酒なので、甘辛い味つけの煮物、
エスニック料理などと相性よし。

［かぼす／すだち酎］

①グラスに1、2㎝くらい焼酎を入れる（氷も）。
②かぼすなら½個くらい、
すだちなら2個くらいを、しぼり入れる。
③ソーダを適量加えて割る。
④はちみつを加えてもよし。
焼酎をホワイトラムにしてもおいしい。
お湯割りでもまたいい具合です。

◎日本酒

冷や、熱燗、ぬる燗。アテや季節に合わせて
温度を変えると、色々発見があります。

［おいしい熱燗のつけ方］

沸騰していない50～60℃くらいの
お湯で湯せんします。
口にラップをしておくと香りが逃げません。
好みによりますが、
きりっと辛口のほうが熱燗には合います。

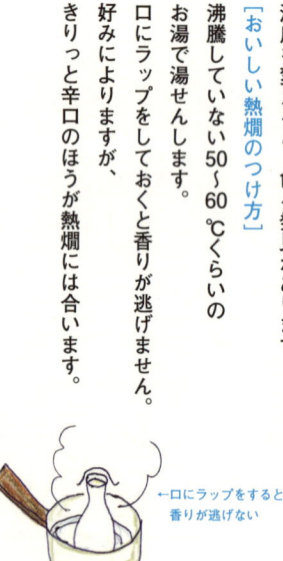

◎ワイン

ボトルで買って、飲みきれなければ栓をして
「横向きに」冷蔵庫の下段でストック。
おいしく保存でき、
安いワインほど翌日以降おいしくなります。
ワインには、甘いおつまみもよく合います。
チーズやチョコレートのケーキ、
ドライフルーツ入り焼き菓子、
あんこ系の和菓子、ざらめせんべいなんかも意外に。

コルクを逆さにして
栓をする。

［ソーダ割］

ワインとソーダ半々くらいか、
ソーダちょい多めくらい。
お酒に弱い人は3：7くらいで。
レモンやオレンジなど
柑橘果物の果汁を加えると、
素敵なカクテルにも。
これには白がおすすめです。

暑い夏の
昼酒に。

［ヴァン・ショー（ホットワイン）］

ワインを鍋に入れ、シナモンスティックや
クローブなどのドライスパイス、
レモン汁少々、砂糖を加えて少し煮立てれば完成。
風邪のときにもあたたまり、よく眠れます。
こちらは赤で。

アルコールは、
ほとんどとぶ。

［自家製サングリア］

①赤ワインに、オレンジやライムなどをしぼって漬け
（果物は半分に切ってしぼり入れる。）、
②漬けたら冷やしておきます。
たっぷり作っておいてもてなせるので、
けっこう重宝します。
外で呑むときに、水筒に入れて
持っていったら喜ばれました。
安いワインで充分。レモンで作っても。

1本くらいどーんと作っても。
果物は、半分に切って
絞り入れます。

◎ウイスキー

ロックや水割りでちびちび飲むときは、
ナッツやチョコレートを豆皿に盛ってバー風に。
ソーダ割り（ハイボール）にすると
いろんな料理に合うようになって、
ビーフジャーキー、スモークチーズ、
ゆでウィンナー、カツサンドなどがおいしい。

炭酸で割って、
ハイボール。

梅酒

市販の梅酒は甘くて苦手ですが、
自分で漬けるようになってから、
果実酒独特の甘酸っぱい風味や香りを、
おいしいと感じるようになりました。
また、私は日常的な酒呑みなので、
こういうお酒がうちにストックされていると、
日々の家呑みがより充実する楽しみを知ったのです。
6年ほど前、ひとり暮らしを始めた頃から漬けはじめて、
だんだん好みの味わいにしあげられるようになってきました。

ご紹介する梅酒は、甘さひかえめでキリッと辛口、
軽い白ワインのような感じでしょうか。
たとえば和食で飲むときなど、つめたく冷やして
小ぶりなグラスに注いだら、食前酒としても喜ばれます。
ホワイトラムで漬け込むと、
どことなくトロピカルな雰囲気になり、
エスニック料理に似合うようなところも気に入っています。
食事がすすむ梅酒なので、
お酒は少々…という方も、ぜひ試してみてください。

材料と準備

準備するもの …… 青梅1kg
氷砂糖 500g
ホワイトラム 2瓶（1.5ℓ）

保存ビンを煮沸消毒またはアルコール消毒して、
しっかり乾燥させておきます。

銘柄は、なんでも。
私はよく「バカルディ」で
漬けています。

煮沸消毒、アルコール消毒

お湯を沸かした鍋でビンを煮沸できるとベストですが、
梅酒用のビンは大きいものが多いので、
沸騰したお湯を注いで消毒します。
ビンにそのまま熱湯を注ぐと割れてしまうので、
最初、ぬるいお湯でビンを温めておき、
それから注いでください。お湯を捨てて乾燥させます。
または、アルコールを注ぎ、すみずみまで行きわたるように
瓶を振ります。行き渡ったらアルコールを捨て、
瓶が完全に乾くまで乾燥させます。
（どちらも自然乾燥をさせ、
ビンの内側を布巾などで拭かないようにしてください）

作り方

①青梅は大きめのボウルに入れて、
表面を傷つけないようにふんわり洗います。
たくさん傷のついているものや、
茶色っぽいものは漬け込みません。
洗った青梅はしっかりと水気をふき取って、
竹串でヘタをとりのぞきます。
これで青梅の準備が完了。

②梅と氷砂糖を、交互にして何度かにわけ、
保存瓶にバラバラと入れていきます。
この分量なら、
2〜3度くり返せばおしまいに。
いちばん上が氷砂糖になればOK。

③ホワイトラムを注ぎ入れます。
しっかりとふたを閉めて、
冷暗所に置いておきましょう。
漬け始めの1週間くらいは
ときどき気がついたときに
ビンをゆすってあげると、
氷砂糖が均一に広がって漬かるのでよし。

竹串でヘタを
くりっととる。
このときも
傷つけないように。

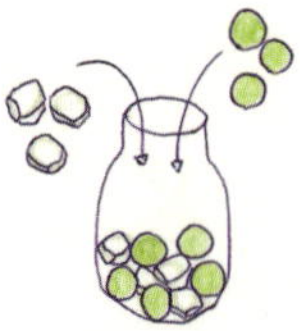

ときどき
ゆすってあげる。

楽しみ方のポイント

飲み頃は3ヶ月以降。
秋（9月くらい）から飲めますが、
1年以上ねかせておくと、
味にも色にもこっくりと深みが出て、
だんだんおいしくなっていきます。

＊ホワイトラムの銘柄は、なんでも。
酒屋に行って手頃なものを選べば大丈夫。
紙パックのホワイトリカーとはひと味違う、
いかにもお酒！という雰囲気にしあがります。
また、お酒によって1瓶の量に違いがあるので、
氷砂糖を加減して、作ってみてください。

＊氷砂糖は梅の半分、というのが覚えやすいかと思いますが、
甘いほうがお好きな場合は、
100〜200gほど増やして作ってください。

まずは、キュッと
ストレートで味わう。

フタに漬けた日と
お酒を貼っておく。

砂糖の量なども
書いておくと
次の年の参考に。

泡盛で作っても
おいしい。

⑤ タレ&ドレ

◎覚えやすい配合の基本ドレッシング

★《基本》↓　油2：酢1＋塩／こしょう／砂糖

ホイッパーを使うと混ぜやすい。

[和風にしたいとき]
塩をしょうゆに。ゆずこしょうを混ぜても。

[洋風に]
酢はレモン汁やワインビネガーに。油はオリーブ油に。
アンチョビを混ぜればイタリア風。

[中華風に]
油はゴマ油に。塩はしょうゆに。
刻みねぎや白ごまを加えても。

[エスニックに]
塩をナンプラーに。砂糖ちょっと多めにして、
豆板醤やおろしにんにくを混ぜると、ぐっとアジア風。

油は、この2つがあれば。
「ゴマ油」和、中、エスニックに。
「オリーブ油」洋、
そして和にも意外と合う。

◎野菜スティックにおすすめのカンタンダレ、ディップ

★クリームチーズ＋みそ（p.17）
★マヨネーズ＋黒こしょうまたは豆板醤
★ヨーグルト＋マスタード＋塩

◎塩こしょうレモン（p.13）

★塩＋こしょう＋レモン汁

万能タレ。ワサビを加えても。お刺身にも。

◎ベトナム味になる万能タレ／ドレ

★ナンプラー1：砂糖1：レモン汁1＋水2〜3
※手に入ればヌクマムで　（タレは水2、ドレは3くらい）

おろしにんにくや刻み唐辛子を加えると、さらに風味アップ。

ナンプラー
（タイの魚醤）は
しゃきっとした塩味。

◎ゆで卵入りナンプラーダレ

★ナンプラー＋水＋砂糖＋ゆで卵（固ゆで）
※手に入ればヌクマムで

ゆでキャベツ、ゆでオクラ、ゆで青菜などに。

ヌクマム
（ベトナムの魚醤）
はまろやか。

調味料の組み合わせ

調味料がない、けれど買いに行かずに呑みたい…というときにも、家にある調味料を組み合わせてタレやソースを作る事ができます。実は使える、好みの組み合わせがあるかもしれません。

線を引いた調味料を合わせてタレやソースにします。

● 必ず入れるもの
★ この中から一つを使う
△ 加えてもおいしい

カレー粉												★													
ワサビ			△									★													
からし												★													
柚子こしょう				●																					
七味					△																				
黒こしょう（粗挽き）			●																						
みそ	●										●		●												
砂糖						●																●			
塩		●	●															●							
オリーブ油	●	●															●								
ゴマ油																●		●			●				
酢																●	●								
ポン酢				●	●																				
醤油															●	●				●					
ナンプラー					●	●													●			●			★
オイスターソース										●															★
チリソース									★																★
スイートチリソース									★														●		
マヨネーズ								●	●		●	●		●					●	●					
ケチャップ							●			●				●	●						●				
ウスターソース							●	●																	
ピーナッツバター													●											●	
レモン汁			●																			●			
	野菜スティック、パンに合います。	これだけで、パンや温野菜がもりもりすすむ。	塩こしょうレモン。ワサビを加えても。	文句なしのベスとパートナー。鍋や焼き魚に。	意外と合うのです。鍋ダレに。七味を加えても。	炒めものやサラダなど、一緒に使うと味のバランスがととのう。	懐かしい洋風味のタレやソースに。ハンバーグオムレツなどに。	粉もんのソースになる。	スルメのタレに最適。意外と唐揚げにも合う。	中華風こってり味。炒めものの味つけに。	これもタレになる。生野菜などに。	タレとして。ちょっとのばしてドレッシングにもなります。	ピーナツ味噌ダレ。牛乳でちょっとのばします。	合わせると、懐かしい味が生まれます。	和風こってり味。炒めものの味つけに。	この3つで、酢じょうゆに。	ドレッシングの基本になる。	焼き肉や、チヂミのタレにおいしい。	5(マヨ)：1くらいで合わせると、おいしいソースやドレに。	5(マヨ)：1くらいで合わせると、おいしいソースやドレに。	これに豆板醤を合わせると、即席チリソースに。	少し水を加え、ベトナム味になる万能ドレ。	甘酢らっきょうのみじん切りを混ぜると、揚げ物ダレに。	こってり系煮物の隠し味に使えます。	炒めものをエスニックにしたいときにそれぞれ活躍。

香味野菜の保存法

なくてもさほど困りませんが、あると役立つ香味野菜。
冷蔵庫の中でしなびたり、凍ったりしがちですが、
工夫して保存すると驚くほど元気に長持ちします。

〈保存法〉

◎万能ねぎ
湿らせた紙で根元をくるみ、ぴっちりと袋の口をしめて保存。

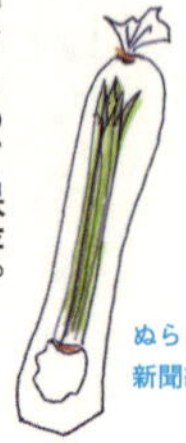
ぬらしたキッチンペーパーや
新聞紙など

◎長ねぎ
切り口にぬれたペーパーを当てておくと長持ち。

◎にんにく
常温でOK。
皮をむいたものはラップに包んで冷蔵庫へ。

◎しょうが
切ったらラップをして冷蔵庫へ。
切った面を少し乾かしてから包むと、腐りにくくなる。

◎大葉
グラスに少しだけ水をはって茎をつけておく。
上はラップをかぶせて保存。できれば冷蔵庫下段で。

◎みょうが
乾いたままのキッチンペーパーか新聞紙にくるみ、
ビニール袋に入れて保存。
凍りやすいのでこれも野菜室か冷蔵庫下段のほうで。

◎レモン
ラップだけで大丈夫。

◎ハーブ類（ミント、バジル、香菜…）
タッパーにキッチンペーパーなどを濡らして敷き、
その中にハーブを入れてフタをし、常にみずみずしい状態に。
ボウルにラップ、でもOK。
根は切り落としたほうが長く持ちます。

そのほか、香味野菜ではありませんが、
ピーナッツや白ごま、コーンフレークなど、
ちょっと食感のあるものをストックしておくと、
「なんかものたりない…」というひと皿に
プラスできてよいです。

保存ビンに
移し替えておくと
すぐに使いやすい。

季節の家呑み

強い弱いにかかわらず、酒好きに共通する季節感というのが、確かにあるような気がします。夏にビールをプハーッとやったり、冬に熱燗をすすりたくなる、あの感じ。「暖かくなってきたし日本酒よねぇ」とか、冬のパリッと乾いた夜に「ウイスキーでも飲もうか」と言われたりすると、むむ、この人呑める口かと思う。


たとえば、私の場合ならこうです。

菜の花は、基本的に春にしか売っていない野菜だから、酢みそ和えは年に一、二度しか作らない。でも、絶対に作りたくなってしまう。お酒にとても合うし、一緒に呑む人からは「春らしいね」と言ってもらえるし、一人でも「春らしいなぁ」としみじみ感じられるから。


酒好きというのは、だいたいが呑むための口実みたいなものをいつも探していて、そこに生まれる感動を糧に呑んでいるように思えます。

だから、季節そのものでさえ立派な肴にしてしまうんやろうな、と思う。暑いから寒いから、旬のものをつまみたいから、ああ日本人でよかったなぁって。

この季節感は、なくても全然問題ないんだけど、でも感じられたなら人生がもっと楽しくなるような、そういう類のもの。


そんな小さな感動のためのレシピや呑み方、次ページから集めてみました。

季節に合わせて作って、「これこれ」という気分で呑んでください。

① 春の家呑み

ちょっと暖かくなってきた頃の泡モノは格別。パン＋オリーブ油＋塩がいちばんのアテに。

春のおすすめアテ

［ハリハリキャベツ］

①キャベツをおおまかに手でちぎって
ボウルに入れ、
塩＋オリーブ油で軽くもむ。
②白いりごまをたっぷり和える。
あれば、クミンシードを混ぜてもおいしい。

とりあえず…の一品に。

［あさりのパンスープ］

①あさりと水と小鍋に入れて火にかけ、スープを作る。
②ガーリックトーストをお椀に入れて、
上からアツアツのスープをかける。
③仕上げにオリーブ油少々。
チーズをのせて
トースターで焼くとグラタンスープに。
ガーリックトーストは古くなったパンでもOK。
パンににんにくをこすりつけ、香りをつけて焼きます。

にんにくを
こすりつける。

［菜の花の酢みそ和え］

菜の花をゆで、酢みそをかける。
マグロの刺身を一緒に添えてもおいしい
（いわゆるぬたです）。

あと、
春ならウドでも。

★酢みそ↓ 白みそ5：酢1＋ねりがらし適量

［スパークリングワインとバゲットスライス］

バゲットにオリーブオイル＋塩をつけて食べるだけ。
パンはあまり焼かないほうがおいしい。
いくらでもパンが食べられます。

大勢で呑む

大勢で呑むときは、ある程度セルフでワイワイと。
少し暖かくなってきた春なら、おすすめはバーベキュー。

[ビールに合う焼き肉の食べ方]

タレをあれこれ作って、
葉野菜をたっぷり添えて巻いて食べる。
キムチ、たくわん、納豆なども一緒に軽く焼くと、
素敵なアテに！

タレいろいろ

◎塩こしょうレモン
◎市販の焼き肉のタレ ＋ ワサビ
◎ポン酢
◎スイートチリソース（マヨネーズを足しても）
◎ピリ辛みそダレ（みそ ＋ 酢 ＋ 砂糖 ＋ 豆板醤 ＋ ごま油）

葉野菜

◎サニーレタス　◎サンチュ　◎大葉など

盛り上がる、焼きネタいろいろ

◎キムチ
◎たくわん（分厚く切ってゴロンと焼く）
◎納豆（葉っぱで巻くとおいしい）
◎焼きえだまめ
◎フランスパン（溶かしたバターの上で焼きます。
ちぎって押さえながらカリッとするまで。ベトナム流です）

[外呑みのポイント]

外で呑むときのメニューは冷めても美味しい、
汁気は少なく、などを
ポイントに選ぶと良いです。
おすすめはサンドイッチ。
小さめにつまめるサイズで作り、
具もちょっと濃いめの味のものに。
マリネなど、
前日から作っておけるものも重宝します。

[呑まない人がいるとき]

お酒を呑まない人は食べるペースが早いので、
とりあえずお腹にたまるよう白ご飯を炊いておき、
お酒にもご飯にも合うメニューを作ると良いです
（鶏のからあげ、かつおのお刺身、ごま和えなど）。

ご飯にも
お酒にも

[大勢で囲むアテのアイデア]

鍋（p.100-103、145）、手巻き寿司（ネタを持ち寄る）、
たこ焼き（これもネタを持ち寄ると楽しい）、
お好み焼き（こんにゃくや豆腐など、サイドで
焼けるものも準備するとよいつまみに）、
カレー（作っておけるのでラクチン）などなど。

関西人といえば…
お好み焼きとか、
たこ焼きとか。

② 夏の家呑み

一日の終わりのビール！　そしてシンプルな肴、これぞ夏の風物詩というところでしょうか。

夏はやっぱりビール

夏のおすすめアテ

［エスニック焼きとうもろこし］

①ゆでたとうもろこしを薄く切り（3～4㎝くらい）、表面が色づくまで焼く。

②塩＋粉唐辛子＋レモンのタレにつけて食べる。

うすくするとつまみやすい。
焼きオクラもイケます。

［焼きトマトのマヨネーズソース］

①半分に切ったトマトを、フライパンで少しつぶしながら焼く。トマトは焼くと甘味アップ。ちょっと焦げ目がつくくらい。

②マヨネーズにしょうゆ少々を混ぜてソースを作る。マヨネーズは同量の牛乳でのばすと、良い具合のゆるさになります。

［きゅうりの丸かじりと甘みそバリエーション］

旬のきゅうりはみずみずしい。食べる前に冷水に少しつけ、ぜひ丸ごと！

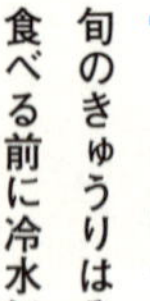

★甘みそ

みそ¼カップに砂糖を混ぜ、好みの甘さにします。刻んだバタピーを混ぜて「ピーナッツみそ」。炒めた豚ひきをナンプラー少々と混ぜて「肉みそ」に。すりごまとしょうゆ、酢少々を混ぜて「ゴマみそ」になる。

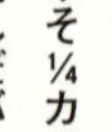

［きゅうりとなすの塩こんぶもみ］

うすくスライスしたきゅうりとなすを塩こんぶでもむ。千切りしょうがを加えると、よりサッパリ。

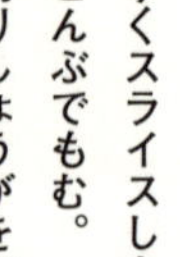

［イタリアンやっこ］

水切りした木綿豆腐をスプーンですくって盛りつけ、オリーブ油と塩をかける。ちょっと不思議な、チーズみたいな味わいに。

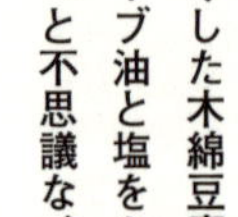

エスニックで呑む

夏はエスニックなアテがうけるので、簡単なものをいくつかおハコに。
近所のスーパーやコンビニにも、意外とネタは転がっています。

［簡単ベトナムパテサンド］
ビールすすみます。

作り方
①コンビーフ100g＋ケチャップ大さじ1
＋ナンプラー少々＋黒こしょう を混ぜ合わせ、
簡単なベトナムパテを作ります。
②フランスパンの内側にたっぷりと塗ってはさみます。
③マーガリンもぬり、香菜をはさんで完成。

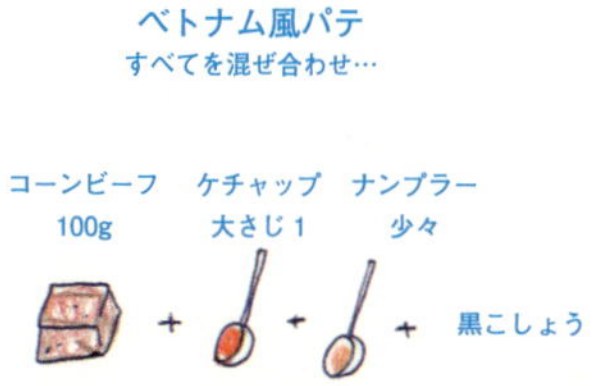

［魚肉ソーセージ串］
切って串に刺して焼くだけですが、なんとなくタイの屋台風に。
①2㎝くらいに切った魚肉ソーセージを串にさし、
トースターなどで軽く焼く。
②マヨネーズ＋豆板醤のタレで食べます。

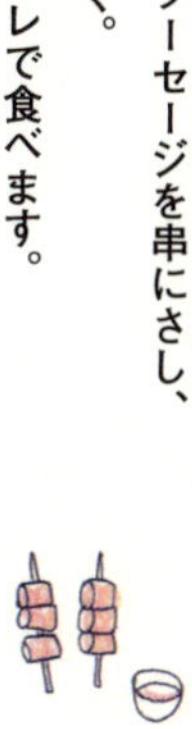

［うずら卵（水煮）と塩こしょうレモン］
うずら卵の水煮（市販）をチビチビと割りながら、
塩＋こしょう＋レモンのタレで食べます。
余裕があれば、うずらを殻ごとゆでてみてください。

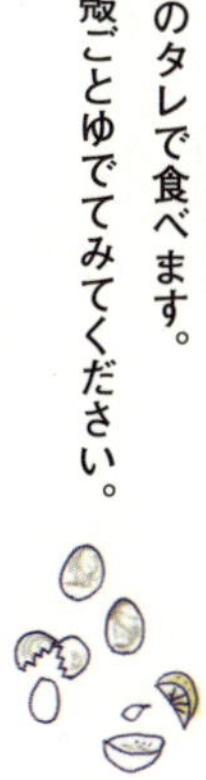

［カシューナッツときゅうりのタイ風］
カシューナッツときゅうり（小さめ一口大）を合わせ、
スイートチリソース（ちょっと濃い味なので
入れすぎないように）で和えます。
これもビールすすみます。

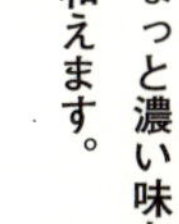

ベトナムアテの定番。

［かぼす・すだちドレッシング］
果汁にナンプラー少々、
砂糖ひとつまみを混ぜるだけ。
いろいろなサラダにかけて食べます。
（かぶスライス、春菊とさっと焼いた油揚げ、
白身のお刺身とみょうが、大根千切りとおかか、など）

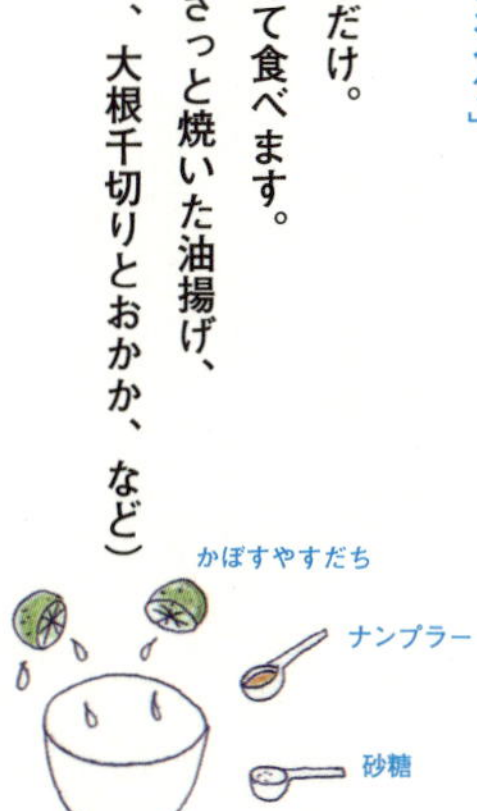

③ 秋の家呑み

ダシやしょうゆのきいた、やさしい味のアテが恋しくなると、そろそろ秋かな…と思う。

秋のおすすめアテ

［スイートポテトフライ］

①さつまいもを細く切り、
カリッと揚げて塩をふる。
②バターをつけて食べる。

ふつうのフライドポテトと盛り合わせると
「甘、辛、甘、辛……」となって止まらなくなります。

バターを
ぽてっと添える。
カロリーは気にせず。

［揚げさんまと香菜のベトナム風］

カリッと揚げた一口大のさんまに、
ベトナム風しょうがダレをかけ、香菜をちらす。

★ベトナム風しょうがダレ
ナンプラー……大さじ1
砂糖……大さじ1
酢……大さじ½
水……大さじ2
おろししょうが……適量
を混ぜ合わせる。

［エスニックきんぴら］

素朴で懐かしいおかずも、ちょこちょこ盛れば
立派なアテになります。秋なられんこんやごぼうで。

れんこん300gに対し、
・しょうゆ……大さじ1
・ナンプラー……小さじ1
・みりん……大さじ2
・酒……大さじ2
・タカノツメ
ゴマ油で、甘辛く炒めます。

［れんこんチップス］

①れんこんを皮ごと輪切りにし、
ザルに並べて日なたで2〜3時間干す。
②カリカリに素揚げし、塩こしょうをふる。
グリーンサラダに混ぜてもおいしいです。

赤ワインに合います。

果物や甘いもので呑む

呑まない人ともわかちあえる、お酒のすすむ甘いアテ。
甘いもので呑める人、でも実は結構います。

[柿のクリームチーズ和え]

①柿は砂糖少々をまぶし、
しんなりさせてから和えます。
②クリームチーズはやわらかく
もどしておき、仕上げに黒こしょう。

ウイスキーによく合うバー的つまみです。
干し柿でもいけて、そのときは
クリームチーズに刻んだ干し柿を混ぜ込みます。

[秋冬の果物とチーズ]

柿以外にも、秋冬の果物はなぜかチーズに合います。
◎りんごとチェダーチーズ
◎ぶどうと白カビチーズ
◎洋なしとブルーチーズ
合わせて食べてみてください。

なぜか合う。

[あんことブルーチーズ]

あんこは市販のもの。こしあんでも粒でも。
両方をちょっとずつ、スプーンで順番に
すくって食べます。チビ、チビ。

[ドライイチジクをシロップでもどす]

シロップ（水½カップに砂糖大さじ1程度を
火にかけて溶かし、冷まして使う。
少しラム酒を混ぜると、グッとアテっぽくなる）
でもどすと柔らかくなっておいしいです。
干しあんずでもよし。生ハムと一緒に食べても。
ちなみに「ドライトマトをオリーブ油でもどすだけ」
もおいしいです。

[チーズとくるみとレーズンのサラダ]

サニーレタス（ちぎる）、
ブルーチーズやカマンベールチーズ、
くるみ（おおまかにくだく）、
レーズンをざっと合わせ、
洋風の基本ドレ（p.134）で和えます。
ワインがすすむサラダです。

④ 冬の家呑み

煮込みに赤ワイン、ウイスキーで鍋。スープもので呑めるのは、寒い季節だけの楽しみです。

焼酎お湯割りなど
チビチビと。

冬のおすすめアテ

［大根と白菜の塩もみ］
大根（マッチ棒大に切る）、
白菜（葉をざく切り、茎は細切り）を
それぞれ塩で軽くもむだけ。
単純ですが、箸休めに最適。
大根は生ハムを添えたり（巻いたり）、
白菜は刻んだサラミを混ぜてもおいしいです。
柚子をしぼっても。

カンタンなので
大勢で呑むときにも
役立ちます。

［ブリの照り焼き］
①フライパンでブリを焼き、
タレ（酒、みりん、しょうゆ各1＋砂糖½）を
からめる。
②大根おろし、ゆずこしょうを添える。
切り身をちょっと小さめに
カットして作ると、つまみやすいです。

［青ねぎたっぷりオムレツ］
卵（3コくらい）に刻んだ青ねぎをたっぷりと、
溶けるチーズを混ぜ、
軽く塩こしょうしてオムレツにする。
チーズは奮発して、
できればモツァレラとかも良いです。
チーズが入ることで、ワインもすすみます。

とにかくねぎたっぷり！
がポイント。

［白菜のキムチ和え］
生の白菜とキムチを和えるだけ
（ちょっともみながら）ですが、
素敵なおいしさを発見できます。
ちょっとだけゴマ油を
プラスするとなお良いです。
ツナをまぜても。

鍋やおせちで呑む

呑兵衛好みの鍋2種と、おせちをやりくりするお正月のアテ。
冬ならではのアイディアをご紹介。

［韓国風鍋］
ビールや焼酎に合う。あさりやカキを入れてもおいしい。
具／豚肉、タラの切り身、豆腐、えのき、春菊、ニラ
作り方／だし汁5カップに
白菜キムチ300〜400gを加えて煮、
みそ大さじ3、コチュジャン大さじ1〜2、
しょうゆ適量、ごま油少々で味をととのえる。
具を順番に入れて煮て、
〆はインスタントラーメン（袋から出してそのまま投入）。

〆はラーメン。

［おでん］
ソーセージやじゃがいもを入れると、白ワインにも合う。
味つけは塩をベースにあっさりと、
しあげのナンプラーでコクが出ます。
具／鶏手羽先、ソーセージ、ちくわ、こんにゃく（下ゆでする）、
ゆで卵、大根、じゃがいも

ナンプラーおでん、実はポピュラーなようです。

ソーセージが意外にいいダシに。

作り方／だし汁7カップ、酒½カップ、塩小さじ1を煮立て、
じゃがいも以外の具を入れて40〜50分コトコト煮込む。
じゃがいもを加えて火がとおるまでさらに煮込み、
味をみてナンプラー（または薄口しょうゆ）でととのえる。

［なます］
細く切った大根、にんじん、きゅうりを塩もみし、
甘酢（酢、砂糖を2：1＋ごま油少々）に漬け込むだけ。
そのままおせちに入れてもいいし、お刺身に添えたり、
ハムと一緒にサンドウィッチにはさんでも。
冷蔵庫で4〜5日保存可能。

［塩もみ白菜と数の子］
カンタンですが、お酒のすすむアテ。
右ページの塩もみ白菜に、小さく切った数の子をのせるだけ。

［黒豆チーズディップ］
おせちで残った黒豆を活用して作る、ワインのおとも。
黒豆、クリームチーズをすりばちなどでつぶしながら混ぜるだけ。
黒豆が少し多めのほうが、ホクホクしておいしい。

材料さくいん　野菜

調味料としてのにんにく、添え物のレモンなどは載せていません。

材料さくいん　肉・魚ほか

あとがき

一年前くらいから、酔っ払っているときだけ限定で書く、「家呑み日記」というのをつけています。

お酒が入っているときって、感覚がものすごく無防備にオープンになっているから、ふだんとはちょっと違うことが浮かんでくる。その感じこそ、私が「呑み」に求めている楽しさのような気がするから、書きとめておこうかな、とふと思ったのです。

酔拳ならぬ、酔筆という感じで。

たとえば、こういうことが書き付けてあります（なんせ酔っ払っているので、文字はユラユラしている）。

「部屋が寒くてビールが飲めない。そろそろお湯割りか。さむい」

「一緒に呑む人が変わると、いいなーと思う音楽も変わる。今日はボブ・ディランとニール・ヤング」

「すき焼きを食べたくなり、鶏すきにした。引っ越し祝いでいただいた赤ワインを開ける。鴨にしたらもっと合うかも。あとゴボウに、まいたけとか」

「おでんには日本酒。しかもカップ酒」

「パソコン作業に集中し、さっぱり料理がはかどらず。スーパーでワインだけ買ってきて、チーズとハムと冷凍パン。なんとなくヨーロッパ人の気分。一人でワインが飲めてよかった、と思う」


そういう私の日々から、一冊の本ができました。


私にとって、家呑みは特別なことではないので、気合いを入れていたら続かないし、楽しくない。おつまみも気軽に、とにかく気負わずとりかかれるものでいい。

そんな力のぬけた空気をお伝えできれば、と思いながらこの本を作りました。

みなさんにもぜひ、この本をおともに、うちで酔っ払う楽しさを味わってほしいと思います。

そして、まわりの呑兵衛たちにもウケるよう、どんどん好みのレシピに変えていってみてください。

高谷亜由

高谷亜由《たかやあゆ》

ベトナム・タイ料理講師、料理家。2006年より京都で「料理教室Nam Bo（ナンボー）」主宰。現地へ足を運んで食文化を研究するとともに、日本でおいしく作れるレシピを理想に活動している。日々の晩酌から生まれる、肩の力を抜いたおつまみにも定評あり。著書に『ベトナムのごはんとおかず』（アノニマ・スタジオ）、『水上マーケットの朝、アヒル粥の夜～あっちこっちベトナム旅ごはん～』（幻冬舎）など。

Instagram：@ayuchao_nambo

料理教室Nam Bo（ナンボー）
nam-bo.jp

アノニマ・スタジオは、
風や光のささやきに耳をすまし、
暮らしの中の小さな発見を大切にひろい集め、
日々ささやかなよろこびを見つける人と一緒に
本を作ってゆくスタジオです。
遠くに住む友人から届いた手紙のように、
何度も手にとって読みかえしたくなる本、
その本があるだけで、
自分の部屋があたたかく輝いて思えるような本を。

料理　高谷亜由
撮影　有賀傑
スタイリング　大谷マキ
デザイン　渡部浩美
編集　田中正紘（アノニマ・スタジオ）

レシピ　家で呑む。

2011年7月15日　初版第1刷発行
2021年7月24日　初版第2刷発行

著者　高谷亜由《たかやあゆ》
発行人　前田哲次
編集人　谷口博文
アノニマ・スタジオ
〒111-0051 東京都台東区蔵前2-14-14・2F
Tel.03-6699-1064　Fax03-6699-1070
www.anonima-studio.com

発行　KTC中央出版
〒111-0051 東京都台東区蔵前2-14-14・2F

印刷・製本　株式会社廣済堂

内容に関するお問い合わせ、ご注文などはすべて右記アノニマ・スタジオまでおねがいします。
乱丁、落丁本はお取り替えいたします。

定価はカバー表示してあります。
ISBN978-4-87758-704-8 C2077